战胜拖延症
如何管理自己的时间

篱落 / 著

煤炭工业出版社

·北 京·

图书在版编目（CIP）数据

战胜拖延症：如何管理自己的时间/篱落著． -- 北京：煤炭工业出版社，2018（2019.8 重印）

ISBN 978 - 7 - 5020 - 6975 - 9

Ⅰ.①战… Ⅱ.①篱… Ⅲ.①时间—管理—通俗读物 Ⅳ.①C935 - 49

中国版本图书馆 CIP 数据核字（2018）第 252009 号

战胜拖延症
——如何管理自己的时间

著　　者	篱　落
责任编辑	高红勤
封面设计	程芳庆
出版发行	煤炭工业出版社（北京市朝阳区芍药居 35 号　100029）
电　　话	010 - 84657898（总编室）　010 - 84657880（读者服务部）
网　　址	www.cciph.com.cn
印　　刷	三河市宏图印务有限公司
经　　销	全国新华书店
开　　本	880mm × 1230mm $^1/_{32}$　印张　7　字数　180 千字
版　　次	2018 年 11 月第 1 版　2019 年 8 月第 2 次印刷
社内编号	20180514　　　　　　　　定价　35.00 元

版权所有　违者必究

本书如有缺页、倒页、脱页等质量问题，本社负责调换，电话:010 - 84657880

前　言

你是否已经习惯了不能按时完成工作，看似连轴转，却又像无头苍蝇似的总是忙不完？你是否总因为自己没有足够的时间而感到懊恼？你是否连精心打扮一下自己的时间都没有，时间似乎总是匆匆而过？但你想过没有，时间是公平的，每个人拥有的时间都相同，为什么别人能过得精致、自在？因此问题还是出在你自己身上，而让你的时间流失的罪魁祸首就是拖延症。拖延说起来不算是病，但一拖起来确实就能"要人命"！

拖延究竟有什么害处呢？有人曾形象地形容拖延为"杀人不闻声，人人受其扰"。拖延症能够浪费时间于无形，往严重了说，拖延就是在浪费生命。而且，拖延具有"传染性"，所及之处，几乎人人"感染"。这不是夸大其词，也不是危言耸听。无论是否承认，我们每个人身上都有拖延症的影子，不同的可能只是"感染"程度而已。

拖延是一种普遍存在的现象，大部分人即使明知道拖延会造成糟糕的后果，之后的日子恐怕要面临各种手忙脚乱，但依然习惯拖着。拖延症的可怕，在于它悄无声息地偷走生命，但拖延症并非无可救药，只要你愿意正面面对，付出行动，其实可以治愈。

　　《战胜拖延症：如何管理自己的时间》向读者展示了如何戒掉拖延症，使用多方面案例向读者展示管理时间和生活的方法，适合想要摆脱拖延症、提高自身工作效率和生活质量的人群阅读。

作者

2018.9

目 录

/第1章/
带你看清拖延的真面目 / 001

最浪费生命的行为——拖延 / 001

到底是什么让你连工作也拖延 / 004

拖延是因为趋利避害？ / 009

如何看出你到底是不是有拖延症 / 011

拖延有很多种，你是哪种？ / 015

/第2章/
拖延到底有多大的危害 / 019

拖延使你不敢正视压力 / 019

拖延让你一直原地踏步 / 022

拖延让你变成职场"橡皮人" / 025

漫无目的，只知拖延 / 028

/第3章/
拖延是怎么缠上你的 / 033

你是如何掉入拖延的怪圈的 / 033

拖延来自宽容 / 037

为了安逸而拖延 / 040

拖延也可能说明你焦虑 / 044

惧怕失败，索性拖延 / 047
拖延是最大的不负责 / 049

/ 第 4 章 /
从现在开始，甩掉拖延 / 053

你为拖延找了太多借口 / 053
困难只存在于你的想象 / 057
破釜沉舟才能夺取胜利 / 059
你只需要努力，不需要借口 / 061
没有如果，只有如何 / 065
放下压力，直面拖延 / 068
离开安全区，才有新成就 / 072
好心情意味着高效率 / 076

/ 第 5 章 /
摆脱惰性，勤劳才能战胜拖延 / 081

失败的根源——懒惰 / 081
成功源于坚持 / 084
被窝是勤奋的坟墓 / 088
没有任何勤劳是多余的 / 092
学会推自己一把 / 095
步步为营才能离成功越来越近 / 098

/ 第 6 章 /
完美是陷阱，不做完美主义者 / 101

追求完美也需要付出代价 / 101
完成也许比完美更好 / 104

完美有时只是一场骗局 / 107
坚持错误才是最大的错误 / 110
再完美也不要忘记取长补短 / 113
最大的错是怕犯错而不去做 / 116
追求完美还是追求无悔 / 120

/ 第 7 章 /
目标明确才能立即行动 / 123

出发前不要忘了找出目的地 / 123
目标与计划并不是一成不变的 / 126
确定了目标就不要停下 / 130
把握全局，培养战略眼光 / 133
找到痛点，及时止痛 / 135
设置时限，把目标量化 / 138
分步完成大目标 / 142

/ 第 8 章 /
加强时间管理，让拖延无机可乘 / 147

小心拖延设下的时间陷阱 / 147
知道生命紧迫，才能更高效 / 153
将时间碎片集中利用 / 156
不要浪费零碎时间 / 160
"20/80时间管理法" / 163
为自己设置每日任务 / 167
管理时间就像整理衣柜 / 171

/ 第 9 章 /
高效执行，终结拖延症的纠缠 / 175

等待不可能将梦想实现 / 175

拖延一秒可能就无法挽回 / 177

立即去做最紧迫的事 / 181

没有挑战就没有突破 / 183

时刻警惕懒惰入侵 / 186

把"待办事项"看成"必办事项" / 192

/ 第 10 章 /
强大自控力是战胜拖延的根本 / 195

意识到自己的强大 / 195

专注使你更高效 / 198

强迫自己更加积极 / 202

独自上路，无惧孤独 / 206

用逆向思维打败拖延 / 208

不要执着，学会变通 / 211

自我暗示也有奇效 / 213

第一章

带你看清拖延的真面目

最浪费生命的行为——拖延

一个危重的病人即将走到生命的尽头,奄奄一息中他看到死神来到他的身边。他请求死神:"再给我一分钟好吗?我想用这最后一分钟看看天、看看地,拥抱一下我的亲人,回忆一下我的朋友。"

死神说:"抱歉,我没法答应你。你这一生曾经有足够的时间可以利用,你都没有像现在这样珍惜。我这儿有一份你的时间账单:一共70年的岁月,三分之一的时间是在睡梦里度过的,剩下的几十年里你经常拖延时间。明细账罗列如下:你做事拖拖拉拉,一共耗去了42500个小时,折合1770天;工作的时候心不在焉、马马虎虎,导致事情要不断地重做,浪费了200多天;因为游手好闲,你经常发呆,浪费了50多天;工作的时间经常煲电话粥,甚至直接倒头呼呼大睡;还有……"

死神还没说完,却发现这个病人已经断了气。

这个故事说明了拖延就是对宝贵生命的一种无端浪费。

美国作家唐·马奎斯曾说："拖延是止步于昨日的艺术。"的确，在短短几十载的一生中，人的生命无疑是有限的。如果我们在工作和生活中始终被那些无聊的、琐碎的、没有意义的事情所纠缠，从而浪费掉宝贵的时间，那么我们就无暇再顾及那些真正重要的事情了。世界上有很多勤勤恳恳的人，但最终获得的成就却很一般，如果他们能够将自己的时间和精力充分地利用起来，相信他们绝对能够完成更有价值的事情。

你是否也曾有过这样相似的经历：上学时为了证明自己是独一无二的，交作业时你总是最后一名；工作时，你总会拖到无法再拖时，才废寝忘食地"加班加点"去完成手头的工作。几乎所有人都知道拖延是种不好的习惯，但却无力摆脱。仔细想想，这些年拖延给你带来的损失，你真正清楚吗？

在现代社会中，很多人总是处于忙碌之中，对于这些人来说，他们对于拖延行为的抵制和克服也许是最困难的。据资料显示，大约有70%的大学生有不同程度的拖延习惯，有25%的成年人有慢性拖延问题，另外，还有95%的人希望能减轻或摆脱他们身上的拖延恶习。因为他们的生活已经受到了拖延的影响，一些人更是对此感到苦恼不已。其实，你或许已经发现了，目前的你可能正处在"拖延的怪圈"里！

美国知名导演伍迪·艾伦曾说过："生活中90%的时间只是在混日子。大多数人的生活层次只停留在为吃饭而吃，为搭公车而搭，为工作而工作，为回家而回家。他们从一个地方逛到另一个地方，使本来应该尽快做的事情一拖再拖。"

的确是这样，在我们的身边，也包括我们自己在内，在工作和生活的过程中，因各种事由造成拖延的消极心态，就像毒蛇一般啃噬着我们的灵魂，对我们的意志和进取心进行影响和消磨，使我们正常潜能的发掘受到阻碍，到头来一无所获，后悔不已。

那么，拖延这种坏习惯我们应该怎样来克服呢？有以下几种方法供我们来参考：

1.找出自身拖延的原因

很多人因为害怕失败，所以迟迟下不了决心动手去做。如果是这个原因的话，那么，你就要强迫自己坚决去完成，假设这件事必须完成，到最后你会惊奇地发现事情竟然十分顺利地完成了。

2.别总给自己的拖延找借口

比如，"时间太晚了，明天再做吧""现在才做，肯定完成不了""目前准备工作还未完成""这么快做完，肯定还会有其他的事等着我"等，这些借口都会牵绊住我们的执行力。

3.在工作完成中找到成就感

一直重复地做类似的事情，很容易使人对事情有厌烦的情绪，但这时候不应该做一段时间就停下来，而应该坚持下去，这样完成时就会给你带来一定的成就感，促使你对做事情产生兴趣。

4.对自己严格要求，磨炼自己的毅力

爱拖延的人很多都意志薄弱，当然，磨炼自己的毅力并不是一朝一夕就能完成的，需要你从小的、简单的事情着手，并努力坚持完成。

5.制订计划，然后严格按照计划行事

给自己将要做的事情制订一个计划，然后按照计划中的时间进行安排，严格完成计划中的每一个步骤。

6.承认并努力克服自己的拖延习惯

很多有拖延症的人，都不愿意承认。只有承认自己有拖延的习惯，并愿意改正的人，才能成功地摆脱拖延的危害。

其实，人生短暂，很多事是不能拖延的，比如快乐生活、努力学习、享受旅行等。也许你觉得自己还很年轻，有着充裕的时间；也许你觉得还有以后。但时间是宝贵的，并没有那么多的以后等着你去挥霍。

到底是什么让你连工作也拖延

产生拖延行为的原因有很多，有时候是某一种原因，有时候是众多原因综合在一起带来的结果。一部分人会对自己的拖延行为产生自责的情绪，并期待再下一次摆脱拖延行为，但也有很多人似乎本身就对工作结果没有抱有良好的期望，在他们看来，只需要随便做一做就行了，正是出于这样的心态，才让他们在工作中不断地拖延。

我们都希望自己的工作能力能获得他人的认可，这同时也是证明自身价值的一种方式，同事的肯定、上级的认同或者升职、加薪，这些都是我们非常在乎的，更是我们内心最柔软的地方。但如果我们因为工作被拖延而失去了这些，就会在内心中这样来安慰自己：这些我根本就不在意，我也从来没指望过用这些来出类拔萃，其实这些都只是自我慰藉。我们越是自我麻痹，便越是会在行动中拖延。

慧慧在一家公司担任行政部门文员的工作，虽然该公司实力不错，在业内也有不小的名气，但慧慧所在的行政部却是公司的"清水衙门"，平时一般不会有什么大事，但由于很多事都必须经过行政部的批准，所以和其他部门之间有着比较紧密的联系。可是在公司内部，对慧慧这个人的存在却少有人都知道，因为她太不出众了，无论是长相、能力，还是人际关系，都没有任何闪光点。其实这些都是次要原因，最主要的原因还是在于慧慧自身，她从来不主动争取什么，无论做任何事情，她总是能拖就拖。

有一次，一个平日里和她关系要好的同事问她："工作完成了吗？"她回答说："估计周末前能完成吧。"

"你想过更快更好地完成工作，来获得领导的赞扬吗？"同事再次问道。

"我觉得一般就好，没必要表现得那么出众。"听完她的回答，同事没再继续说什么。

小林也是个和慧慧一样行动拖延的员工。他是IT行业中的一名程序员，是个毫不出众的人。

其实，在学生时期，小林就是个毫不出众的学生，按部就班地上完大学后，进入了目前这家公司上班。因为他害怕得罪别人，所以他从来不会主动争取什么。

他的爱好是打篮球，而且打球的技术还很不错。一次，公司组织了一场篮球比赛，大家都知道小林喜欢打篮球，便让他报名参加，小林推托不成，最后答应了下来。后来，小林听说他们的部门主管也会参加，便开始担心，万一自己将主管所在的队打败了，岂不会让领导难堪？所以比赛来临之前，他给自己找了个借口说不能参赛了了。后来，他的父母问起原因，他这样说道："我没想过要比他人优秀，更不想因此而得罪别人。"

工作中的小林更是如此。对于工作任务，他总是能拖就一定拖，每次都等其他同事做完后再完成，因此，他从来没有在公司的嘉奖名单中出现过。来公司工作三年了，他的薪水却一直没涨过，升职就更不用说了。有同事问他："你想过好好表现吗？"他回答："我又不想变得优秀。"同事们都说小林心态真好。

以上两则故事中的慧慧与小林都是拖延症患者，他们拖延的症状都是工作不努力，也不想变得优秀，慧慧认为工作"一般就好"，小林则是"不想得罪人"。但无论是什么原因，都能从中看出他们消极的心态。

如果你在工作中也是如此，那么不妨这样问问自己，你是真的不在乎，还是因为拖延让你不在意后果呢？真正的原因很多时候都是后者。一旦让拖延的消极心态占据了我们的内心，往往就不止是工作上的拖延，还会让我们的行动迟缓、精力不足、缺乏动力、食欲不振，有时候还可能导致情绪忧郁，严重的甚至还会造成心理疾病；反过来，如果将拖延的习惯努力改掉，凡事立即行动，我们的生活和工作状态也会改变，从而全身充满活力。

当然，有些人可能会有"出头的椽子先烂"的想法，那些在职场中表现优秀的人，一般会遭到别人嫉妒和打击，要想保护自己，聪明的做法是比别人慢一点儿。的确，在职场上不能锋芒太露，但这并不是我们做事拖延的借口。毕竟，"做事"与"做人"不一样，尽管领导对会为人处世者青眼有加，但却更希望员工行为麻利、工作完成出色。所以职场中正确的行为准则是低调做人、高调做事，努力坚持不断学习、充实自我。

小李是一家IT公司的职员，和她们部门的其他女职员不同，她从来不和这些女孩子聚在一起闲聊，也从来不把时间花在逛街、买衣服上，空余的时候，她会买一些书籍回来学习。因此，在进入这家公司的两年时间里，她不仅掌握了一身的销售本领，还学习了一些软件技术方面的知识。渐渐地，一些技术部门的工作她也能胜任，这些成绩让其他职员对她刮目相看。

而这一切都被老板迈克看在眼里，本着培养人才的态度，他将每年选派优秀员工前往德国总部学习四个月的名额给了小李。这各决定一出，公司里的其他职员全都嫉妒得发狂。因为大家都明白：在这之前的半个月，销售部经理已经辞职并移民海外，而此次的学习名额，将会成为争夺销售部经理这个职位的重要砝码。对于这个情况，小李当然早就清清楚楚。对于销售部其他老员工的不满声音，老板迈克特意召开了一个会议，在会上，他这么说的："对于IT公司来说，不管是相关的技术，还是销售的技巧，都需要有不断的进步，如果没有进步，我们就不会拥有市场份额。在小李进入我们公司的这段时间内，相信她的进步大家都是有目共睹的。而我之所以把前往德国总部学习四个月的名额给了小李，就是想告诉大家，在我们公司，不管是谁，都需要用实力来证明自己的价值。"听完老板的话后，那些老员工的不满声消失了。

　　小李之所以能获得老板麦克的直接提拔，并不是因为她能说会道、会巧言奉承自己的老板，而是因为她能利用空闲时间不断地学习，充实自己的知识。毕竟，在现代企业中，那些工作效率低下的人，肯定是最先被淘汰"出局"的。

　　总之，从上面的故事中我们可以知道，"我不需要那么优秀"不过是很多拖延者的一种自我安慰心理罢了，同时也是为了给自己不辛苦忙碌的工作找一个恰当的借口。这样一来，如果他们的行动发生拖延时，他们就不必过于自责和愧疚，就是这种消极的心理，造成了他们长期的拖延行为。因此，我们在日常的工作和生活中，非常有必要破除这种消极心理，从而摆脱掉拖延带来的恶果。

拖延是因为趋利避害？

经济学家乔治·阿克洛夫身上曾发生过一件有趣的事情：

有一次，他的朋友约瑟夫·史蒂格利茨前来拜访他。当约瑟夫将在当地的工作完成，并和老朋友乔治叙完旧之后，因为他还要去其他的地方，不方便带更多的行李，所以就留下了一箱子的衣服，希望乔治帮他寄回美国。

当时，乔治居住的地方官僚作风很浓，要想把这箱子衣服寄回美国，有点儿麻烦，很有可能得花费一天的时间去办理，因此乔治懒得去做。于是，他就一直拖着，时间一周一周地过去，他也没有去邮寄。没想到，这一拖就是八个月，此时他也结束了在本地的工作，要回美国了。这次，乔治彻底没辙了，刚好这时他的一位朋友要往美国寄点儿东西，他就拜托朋友去办这件事，而他自己则提前回了美国。可是，当乔治到了美国之后，那箱衣服依然没有到。

说到乔治·阿克洛夫的拖延，有当时社会环境的影响，但从最后他处理问题的方式上，我们也不难看出，他印证了一句话："人在可以懒的时候，不会不懒。"拖延的种类有很多，但在若干种拖延中，最常见却是懒惰。早知道这件事应该去做，也知道用什么样的方法做，更知道做完之后能得到的好处，可就是迟迟不肯行动。因为，人在本能上都喜欢自由自在不付出的生活状态。

心理学家乔治·哈里森说过：“拖延是一种不能按照自己的本来意愿行事的精神状态，是缺乏意志力的表现。”尽管意志力和拖延看起来没有多大的因果关系，但拖延的确是人在惰性心理影响下导致行动力减弱而形成的一种陋习，让人一步步地"耗下去"，最后一事无成。

拖延不一定是因为懒惰，但懒惰肯定会带来拖延，两者结合在一起，就能成为一个把身体和灵魂掏空的"借口"，让人生变成空无一物的寄生状态。懒惰会让人上瘾，越是懒就越不想做，越不想做就越拖延，结果自然是两手空空。

一位农场主家中一直在闹鼠患，每次囤积的粮食都被老鼠糟蹋不少，他的儿子虽然年龄小，但也知道粮食来之不易，于是就心疼地问父亲："我们为什么不把老鼠消灭掉呢？"可他父亲却淡定地说："什么办法我都尝试过了，就是找不到它们的老窝。谁知道它们藏的有多深，以后再说吧！"

一晃十几年过去了，儿子也长大了，娶了媳妇。又一次收成之后，辛苦劳作一年得来的粮食又被老鼠祸害了，儿媳妇面对被糟蹋的粮食，质问丈夫："老鼠闹的这么厉害，你怎么不把它们消灭掉？"丈夫说："什么办法都用过了，不知道藏的有多深，以后再说吧！"

儿媳妇不信，决定自己找出老鼠的老窝，把它们统统消灭掉。她盘算着，如果找不到，那就等晚上丈夫和公公回来一起找；再找不到的话，就喊亲戚朋友过来找。

结果没用半天工夫,就被她找到了,原来老鼠一家就窝在水缸下面的洞里。她一壶开水下去,所有老鼠都被杀死了,从此再也没有粮食被糟蹋了。

你看,拖延就是懒惰的纵容者,不仅会使人形成惰性,还会消磨人的意志,甚至使人怀疑自己根本没有能力做成一件事,时间长了就更不敢去尝试了。

爱因斯坦说过,成功的秘诀有一个公式:$A=X+Y+Z$,A代表勤奋,Y代表正确的方法,Z代表少说废话。显然,他在提醒我们:想要成功就得找对方法,用心去做,少说没用的话。

如果我们都能这么做,何来拖延、懒惰呢?更何况,你与生活就像骑师和坐骑,要么你去驾驭生活,要么让生活驾驭你,一切全在你的选择。

如何看出你到底是不是有拖延症

成功者与失败者最大的区别之一就是是否具有立即执行的品质。生活中的每个人,要想在日后有所成就,就必须从这一刻开始培养立即执行的习惯,而如果你有拖延的习惯,第一步要做的就是调节自己的拖延心态。

然而,我们不能否认的是,在生活中,从普通职员到最高管理者,从学生到社会青年,从家庭主妇到职场白领,拖延的状态几乎在影响着我们每一个人。最了解我们的,始终还是我们自身。你是否有拖延症，或许你的领导、亲人、同学并不知道，然而你自己却很清楚，也许你现在正陷在拖延的泥潭之中，如果真是这样的话，那么该是时候将这个问题解决了。

如果你还不确定自己是否有拖延的症状，那么我们不妨先来了解一下拖延的几种形式和症状，看看在你的身上是否出现过。我们先来看下面一则生活小故事：

一位怀孕不久的女士，在逛街的时候看到商店里五颜六色的布料，觉得非常好看，于是就买了一些，准备给尚未出世的孩子做一套漂亮的衣裤。

当她摩拳擦掌准备开始做的时候，觉得自己才学会缝纫没多久，手艺生疏，担心做出来的衣服不够好看，于是便决定等自己手法纯熟一些之后再开始做。

可等到孩子都快要出生了，她还没开始做。后来她的婆婆发现了这些布料，便好心地提出要帮儿媳妇做，可是儿媳妇表示一定要她亲手做给孩子，现在不做只不过是她改变主意了，她想等孩子出生之后再做。她还振振有词地表示现在还不知道是男是女，不好决定衣服上面用什么图案好。

孩子降生了，是个漂亮可爱的小男孩。在初为人母的忙碌中，她开始渐渐忘却了这些布料。后来有一次她翻出了这些布料，可是却发现孩子已经长大，那些布料已经不够用了，于是就再次不了了之了。

有一天，已经是小学生的儿子翻出了这些布料。儿子很喜欢它们的颜色，只可惜布料已经被虫子蛀蚀了，没办法再用了。这时母亲才又想起那套存在于她幻想中的、漂亮的衣服。

虽然这只是生活中的一个小故事，但它却揭示了一个道理：那些做事总是拖延的人，很多时候都是他们的拖延心理在作怪，而且他们还会为自己的拖延寻找恰当的借口。想要克服拖延症，首先得抛弃拖延的心理。如果没有现在就采取行动的决心，那事情就会被拖延。

的确，在某种程度上，我们都会犯这种错误：能推到明天做的事情，我们今天就不会去做。享受眼前的快乐，以此来延迟那不可避免的痛苦。但我们清楚地知道，即使我们在当下把这些痛苦驱逐出脑海，它仍会归来，在击中我们的同时，扰乱我们外在的平静。那么，拖延症的形式都有哪些呢？

1.目标不明确

找不到努力的方向是人们拖延的最重要原因之一，因为它使人变得迷茫。如果我们连未来清晰的愿景都看不到，那行动的动力又怎么会产生出来呢？

所以，我们只有对目标的达成和这样做的原因有清晰的构想，才会有充足的动力去努力并完成任务。

2.缺乏严密的计划

事情要想做到最好，就必须坚持一个高标准。在做事情前，调查论证必不可少，然后是广泛征求意见，尽量考虑到所有的状况，避免漏洞，直至达成预期效果。

3.惰性

惰性与拖延是一对双胞胎。你会发现，那些你不想做的事情，往往是你不喜欢或者是比较难做的事，所以，要戒掉拖延症，克服惰性是你首先要做的。万事开头难，我们可以先做那些不愿做但又必须做的事情，对于难做的事，我们可以把它拆分开，逐个击破。而那些难以决定的事，则要立即决定，因为拖延是最坏的决定。

4.低效率地忙碌

高效率做事并不等于忙碌做事。你要学会利用每天不同的时间段来做事。通常来说，上午会有清醒的头脑，往往第一个小时的效率最高，因此，在这时可以做一些难度大而重要的工作。在下午时，大脑通常有些迟钝，可以安排一些活动量大又无须太动脑筋的工作在此时进行。这样的安排可以提高工作效率，让工作尽快完成。

5.疲劳的借口

很多时候，人们会以疲劳为借口进行拖延，但事实上，无休止地拖延一件事会让人们更为疲劳。从某种意义上来说，疲劳可以被控制。如果我们可以按时休息，一点一点地去完成工作，一件事坚持到底，我们的疲劳就能减少，从而自信心增强，一步步克服拖延心理。

6.自制力差

在现代社会中，我们会受到信息技术产品和额外刺激的干扰，因此变得难以集中注意力。在开始做事时，我们最好先把那些可能出现的干扰因素排除掉，比如将手机关机、断开网络等。

7.害怕失败

导致拖延的另一个原因，是对结果感到害怕。一些人不能接受失败的结果，而且他们不能很好地完成任务，因此，他们选择推迟行动。不管你是否相信，还有一些人拒绝成功。这些人清楚完成特定的任务，可能会让他们得到一些不是他们想要的结果。因此，我们在做任务之前，要对任务的结果有清晰的认识。

总之，你需要明白的是，拖延并不能让问题得到解决，问题更不会消失不见。拖延只是一种逃避的方法，有时甚至会使问题变得更加棘手，所以，逃避不能解决问题。而那些成功者都会拒绝拖延。

拖延有很多种，你是哪种？

拖延有多种类型，熟悉这些拖延类型，对戒掉拖延，摆脱拖延的控制尤其重要，正所谓"知己知彼，方能百战不殆"。下面是形形色色的拖延类型，你可以参照一下，看看自己到底属于哪一种拖延者。

1.行为型拖延

这种类型的拖延即在做事上拖延，是工作和生活中最为常见的。工作中，我们经常需要完成一个项目或计划，但是通常在完成的过程中无法坚持到底或者草草收场。举个例子，一个房地产业务人员准备向公司领导建议开发一个新项目。为此他做了一番市场调查。调查后，他准备写调查报告，可是在写的过程中，却发现这个项目实际操作起来没有想象中那么容易，需要耗费自己很大的精力，而自己却没有足够的精力。于是他踌躇起来，最后终止了这个报告。这个项目也因此夭折了。

2. 迟到型拖延

这种类型的拖延者就是无论做什么事都喜欢拖延，没有时间观念。上班经常迟到，无论会不会扣掉全勤奖；约会也经常迟到，无论这个约会对象是谁；开会也经常迟到，无论这个会议重不重要。总之，这一类人就是超级不守时。实际上，这种类型的绝大多数人也清楚自己的缺点，想改正，但总是改不掉。

3. 穷忙型拖延

生活中有这样一类人群，他们似乎永远都在忙，忙得甚至顾不上喝水、吃饭或者停下来歇一会儿。他们真的有那么多的事需要忙吗？答案是否定的。实际上，他们的那些忙碌都是无意义的，是"穷忙活"。而一些重要、有意义的事，应该早做的事情，却被他们遗忘了，他们是在舍本逐末地瞎忙，所以他们看起来忙得要命，但实际上等于在原地踏步，根本没有前进。

4. 消极反抗型拖延

这是一种源自消极反抗性行为的拖延。你认为自己的权益遭受侵害了，而你却没有办法采取主动的反抗形式，于是你"被迫"消极对抗，也就是采取拖延的方式表示你的不满。比如，你的上司要求你在一天之内做完上一季度的客户反馈报表。你认为一天之内做完这个报表有些难度，但是如果全力以赴的话，也有完成的可能，但你不想全力以赴，所以你觉得上司的这个要求有些过分，为表达内心的不满，你决定拖延做事。

5.改变型拖延

改变型拖延是因为不想改变、害怕改变而产生的一种拖延。这种类型的拖延常出现在思维顽固的人身上。因为不想接受新鲜事物，害怕自己被操控，害怕适应不了新变化，于是下意识地拖延。即使这种变化是无法改变的，是终究要来的，不想改变者也会尽力拖延。这种情况下，改变型拖延和反抗型拖延通常交替出现。

6.承诺型拖延

这种类型的拖延者内心清楚自己有拖延的习惯，也十分痛恨这种习惯，也想改掉这个坏毛病，重塑一个全新的自我，每当痛下决心要改变时，甚至都做好了具体的改变计划，可在具体执行的时候，却又变得拖拖拉拉，很多应该做的事被一拖再拖。改变成了一句空话，结果依旧拖延。

7.学习型拖延

这种类型的拖延相对复杂，发生的场所可以是单位，也可以是家庭或者学校。原因可能是对学习对象不感兴趣，或者担心自己学习能力不够，或是没有考虑好，总之就是下意识地逃避学习。比如你想研究一下近代武器发展史，于是你花很多钱买了大量资料，又从网上下载了相关视频，但是当资料收集得差不多的时候，你却失去了研究的兴趣，或者你担心自己精力不够，反正这些书籍和相关视频，你从来都没有打开看过。研究的计划由此夭折了。

8.保健型拖延

这是关于身体健康方面拖延选择的问题。你内心很清楚拖延对你是不利的，但却偏偏心存侥幸，认为自己不会那么倒霉，所以总是将该做的事一再拖延下去。比如你觉得你的近视镜度数有些小，你想去医院重新做一下近视测定。这件事你想了很久，但却一直没有去做。终于去了，又发现挂号的人很多，没有耐心等下去，就离开了。等下一次想起来，再去，依旧人很多，于是又走了，就这样一直到感觉眼睛实在不舒服的时候，才决定去做检查，可是这时眼睛已经受到了较大的伤害。

9.消极退让型拖延

这种类型的拖延多是因为当事人胆小怕事，不愿得罪人，害怕得罪人，本着"多一事不如少一事"的原则，尽可能给对方让步，致使很多情况下成全了对方，却使自己陷入尴尬的境地，使得分内工作无法完成，造成了拖延。

第二章

拖延到底有多大的危害

拖延使你不敢正视压力

现代社会,只要我们身处职场,就无法避开越来越大的压力。面对压力,一些人产生了更强大的动力,迎着压力前进,也有一些人向压力妥协了。

心理学家称,高目标才能调动更高的积极性,使人们朝着目标全力以赴,而低目标则因为其低要求,使人们不愿付出高于工作任务的努力。后者通常会有这样的表现:面对上级交代的任务,他们只会敷衍了事、拖拖拉拉。这样又怎么能与那些做事果敢、效率高的人竞争呢?可见,压力大很多时候只不过是拖延者的借口,他们只是在高压下妥协了。

那么,面对妥协,我们该怎样做呢?有两点建议:

1.积极主动,冲淡压力

美国钢铁大王安德鲁·卡内基年轻时,曾担任过铁路公司的电报员。

有一天,正值放假,但卡内基需要值班。就在这个平凡的值班日，发生了一件意想不到的事。

躺在椅子上休息的卡内基突然听到电报机"嘀嘀嗒嗒"传来的一通紧急电报，吓得他从椅子上跳起来。电报的内容是：附近铁路上，有一列货车车头出轨，要求他的上司通知各班列车改换轨道，以免发生追撞的意外。

这可怎么办？现在是节假日，能下达命令的上司不在，但如果不现在决策的话，就会产生一些不可预料的恶果。时间慢慢过去了，事故可能就在下一秒发生。

卡内基作出决定，然后按下了发报键，他以上司的名义下达命令给班车的司机，要求他们立即改换轨道，从而避免了一场可能造成多人伤亡的意外事件。

当做完这一切后，卡内基心里也开始紧张起来，因为当时的铁路公司有这样的规定，如果有电报员敢擅自以上级的名义发送电报，就会被立即开除。但他又一想，这一决定是对的。于是在隔日上班时，他写好辞呈并放在上司的桌上。

但令卡内基惊讶的是，第二天，当他站在上司办公室的时候，上司当着卡内基的面，将辞呈撕毁，拍拍卡内基的肩头说："你做得非常好，我要是不会开除你的。记住，在这个世界上，有两种人会永远在原地止步不前：一种是不肯听命行事的人；另一种则是只听命行事的人。幸好这两种人中都没有你。"

卡内基之所以成功，是因为他有成功者的品质，这一点，在他未发迹时就已经显现出来了。

一个人之所以妥协，并不是能力的不足和信心的缺失造成的，而是平时总是轻视工作、马虎拖延，以及对工作敷衍推诿。要想改变这一点，就必须改变自己的态度，以诚实的态度，负责敬业的精神，积极扎实的努力，做好工作。

2.寻找解决方法，立即行动

任何人都不是完美的，都不可能将所有事都做到无可挑剔，即便在规划完善的前提下，依然可能会出现一些问题。这时，如何看待问题、如何处理问题，直接考验我们的应变能力，如果能立即采取补救措施，将能帮我们转危为安。

事实上，大多数时候，我们遇到的只是一些小问题，但却没处理好，之所以如此，有时候是因为我们自身自乱阵脚。不难发现，任何一个做事高效、有时间观念的人，都有很强的处理问题的能力。其实，在工作中偶尔出现一些问题在所难免，焦躁、着急都无济于事。任何难题，只要从容应付，找到问题的关键，都能迎刃而解。也就是说，遇到问题时，我们应表现出积极的态度，不要发牢骚、不要辩解、不找借口。我们常常看到，一些人在工作出了问题之后，就把责任推卸给自己的同事、合作伙伴，这样对问题的解决毫无益处，甚至还会延误处理时机。

另外，我们需要认识到的是，是否能处理问题以及将负面影响降到最小，最重要的还是速度，速度就是效益，一旦问题产生，我们就要明白速度等于一切，一定不能拖延，而应该积极寻找问题出现的根源，还应寻求周围人的帮助，集中一切资源着手解决问题。

不得不说，在我们的现实工作中，一些人在遇到压力时，总是采取躲避、拖延的方式，他们认为，一切问题都会随着时间的流逝而自行解决。因为他们面对危机的心态通常是：侥幸心理、鸵鸟政策、推卸责任、隐瞒事实，然而这种妥协的态度不仅无助于问题的解决，甚至还会导致更严重的问题。

拖延让你一直原地踏步

我们都知道，很多机器的运行都需要动力的推动，比如火箭升天、汽车行驶等，日常的工作和生活也是如此。不知你是否曾思考过这样的问题：我为什么要工作？为什么要建立事业？大部分人的回答是养家糊口、供养家庭，但也有一些人提出了更高层面的意义：实现自身价值。很明显，这都是我们工作的动力。

那么，一个人如果缺乏动力呢？不难想象，这是一个不思进取的人的状态。他来到企业就是为了坐等下班，为了每月的薪水。工作中上级交代的任务，他一再拖延，因为在他看来，今天完成和明天完成没有区别。当你问他有什么梦想和目标时，他的回答是："目标和理想能当饭吃吗？"这是一种很糟糕的人生和工作态度。我们也不难想象，缺乏工作动力的人不会有什么大的成就。

　　那些拖延者之所以没有大的成就，就是因为他太容易满足而不求进取。他的一生都在拖延，他们参与工作只是为了挣取足够温饱的薪金。要知道，不甘于平庸，超越优秀者，成为卓越者，我们才可以把事情做到最好。

　　曾有社会学专家这样预测，未来社会将会是一个复杂的、充满不确定性的高风险社会，假若人类自由行动的能力一直不断增强，那相应的不确定性也会不断增大。你应该意识到，各种变化已经在你身边悄然出现，勇敢地投身其中的人也越来越多，而如果你不积极行动起来，继续缺乏竞争意识、忧患意识，安于现状、不思进取，并且还没觉醒的话，将可能被时代所抛弃，被那些敢于冒险的人远远甩在后面。

　　在我们身边，总会听到一些平凡的人感叹命运不好，他们总是把自己的生活艰难都推到命运身上。事实上，世上真正的救世主不是别人，而是你自己。你完全可以摆脱曾经消极的想法，成为一个积极向上的人，并在工作中培养自己的热忱，找到自己的目标，那么，你就能为现在的自己做一个准确的定位。

　　真正能改变我们人生的，是我们的态度。不思进取的结果，往往是最后归于平庸。

　　琳琳大学毕业之后进入一家科技公司工作，刚开始的时候，她对工作充满了激情，努力工作，积极学习，经常不计报酬地加班加点工作。但这样的工作状态在她工作两年之后突然有了较大的改变，琳琳变得做事拖拖拉拉，也不爱学习了，与原先熟悉的同事也日渐疏远了起来，开始变得有些得过且过。这到底是怎么回事呢？

原来，这与公司的一项管理制度有关。这家科技公司为了调动基层员工的工作积极性，采取从基层选拔管理人员的制度，基本上每年都会提拔一批优秀的基层员工，担任中层领导。刚开始的时候，琳琳十分珍惜这样的机会，于是便积极主动地去争取，但出于某些方面的考虑，公司领导并没有提拔琳琳。在经历过两次选拔失败后，琳琳便失去了信心。眼看着资历比自己浅的人都升到了领导职位，琳琳更是感到心灰意冷，从此便不再热心对待工作，拖延、应付随之而来。

为了顺应迅猛发展的业务需求，公司又招进了一批刚毕业的大学生，年薪要比琳琳高。琳琳对此感到特别不舒服，认为自己作为一名老员工，还不如新人"吃香"。因此，她对自己的工作越来越感到厌烦，越来越敷衍，凡事都贴着公司的底线来做。公司领导及时发现了琳琳的变化，曾找她谈过几次话，可琳琳怎么也听不进去，对领导的要求更是置若罔闻，领导也放弃了对她的规劝。琳琳依旧拖延做事，不思进取，能凑合就凑合。终于有一天，琳琳被公司辞退了。

在我们工作的周围，为什么有些人受人敬重，有些人却被人看不起？前者是因为他们有野心，凡事努力；而后者，他们得过且过，总是拖拖拉拉，即使掉在队伍后面，也不奋起直追，这就注定了这类人无法成就大事。有野心，才能拥有积极向上的心态，才能为所有人创造了一种前进的动力。很多时候，成功的主要障碍，不是能力的大小，而是我们的心态。

总之，我们每个人都应该明白，最大的危险不在于别人，而在于自身。作为一个正常的人，我们不应该意志消沉、不思进取，因为那样的话，你的雄心和勇气会被抹杀，你最终会裹足不前，一生碌碌无为。我们绝不能甘于平庸，要为自己的人生负责，做与众不同的人，才有可能触及理想与幸福。

拖延让你变成职场"橡皮人"

职场中有一些颇懂职场中庸之道的人，开会时如果不要求他们发言，他们从不发言，即使发言，也只说一些模棱两可的话。平日工作中，他们也只是干自己分内的工作，从不超出职责行事，只是安分守己地工作。他们秉持职场中庸之道行事，绝不让自己当出头鸟，更是避免自己成为靶子。他们中绝大多数人业绩平庸。

表面上看，他们安分守己，做好了分内工作，实际上，他们不思进取，缺乏必要的上进心。久而久之，这类人就会成为职场"橡皮人"。

为什么对他们冠以"橡皮人"的称呼呢？下面是对"橡

皮人"的一些描述：没有痛感、没有效率、没有反应，整个人好像是用橡皮做的；不接受任何新生事物，包括建议、意见；对批评和表扬不当回事，不会因为犯错而产生耻辱感，也不会因为某方面出色而产生荣誉感。这些都是职场"橡皮人"的特征。

实际上，职场"橡皮人"的诞生与拖延行为有非常紧密的关系。"努力又有什么用，还不是升职、加薪都无望，既然这样，我又何必费那个劲，还不如得过且过，就这样呢！"

这是很多职场人士都曾有过的想法。这种想法是不思进取的表现。人如果不思进取，那么拖延就会见缝插针，久而久之，工作就会应付了事，拖延也就成了如影随形的"恶魔"。

其实，不管你面临的工作环境如何糟糕，只要你保持上进心、努力工作，总会有改变命运的机会，但如果被拖延缠上，则很难脱身。

文嘉大学毕业后进入一家科技公司工作，开始的时候，她对工作充满了激情，努力工作，积极学习，经常不计报酬地加班。然而，这样的工作状态在她工作两年后突然有了较大的改变，文嘉变得做事拖拖拉拉，也不爱学习了，与原先熟悉的同事也日渐疏远了起来，变得有些麻木了。这到底是怎么回事呢？

这与公司的一项管理制度有关。这家科技公司为了调动基层员工的工作积极性，采取从基层选拔管理人员的制度，基本上每一年便会提拔一批优秀的基层员工。刚开始的时候，文嘉十分珍惜这样的机会，积极主动地去争取，但出于某些考虑，公司领导没有提拔文嘉。在经历了两次选拔失败后，文嘉失去了信心。眼看着资历比自己浅的人都升到了领导职位，文嘉更是心灰意冷，从此便不再热心对待工作，拖延、应付随之而来。

为顺应迅猛发展的业务需求，公司又招进一批刚毕业的大学生，年薪比文嘉要高。文嘉感到特别不舒服，认为自己作为一名老员工还不如新人"吃香"。她对自己的工作越来越感到厌烦，越来越敷衍，能凑合就凑合，凡事都是贴着公司的底线来做。公司领导及时发现了文嘉的变化，曾找她谈过几次话，可文嘉什么也听不进去，对领导的要求也置若罔闻，领导也放弃了对她的规劝。文嘉依旧拖延做事，不思进取，成了职场上不折不扣的"橡皮人"。终于有一天，文嘉工作不下去了，选择了离开。

职场中不乏像文嘉一样的职场"橡皮人"，他们通常在工作岗位上工作两三年之后，表现出厌倦工作、不思进取、拖延做事、得过且过的消极状态。从心理学的角度看，造成"橡皮人"现象最主要的原因就是无奈情绪。通常是经过几番努力，但总是事与愿违，或者是达不成目标，或者是无法升职、加薪，无奈之下只好自我安慰，甚至索性放弃努力，并暗示自己要知足常乐，久而久之，自身变得麻木，最终成为职场"橡皮人"。

另外，过大的压力也是造成职场"橡皮人"现象的重要原因。适度的工作压力能够激发人的潜能，提高人的工作效率，但长期过大的工作压力往往会引发自暴自弃。看不到希望自然容易让人丧失信心，久而久之就会精神懈怠，进而滋生消极应付的心理，严重者甚至会自暴自弃，最后造成不思进取、工作混日子的"橡皮人"状态出现。

不管导致这些现象的原因是什么，其结果都是一样的，即导致一个人不思进取，拖延做事。显然一个应付工作、拖延做事的人是很难做出成绩的，如果不摆脱这种身心束缚，不从这种糟糕的状态中走出来，那么其人生的前途必定是灰暗的。

漫无目的，只知拖延

物竞天择，适者生存。当今社会更是一个处处充满竞争的社会，一个人要想从竞争中脱颖而出，做事就必须有方向感。的确，在现实工作中，一些人总是感到左右摇摆、无处着手，总是站在原地拖延时间，正是因为他们没有方向感。一个人看不到前方的路，看不到希望，又怎么有决断力呢？

世界著名的贝尔博士曾经说过这么一段至理名言："想着成功，看看成功，心中便有一股力量催促你迈向期望的目标，当水到渠成时，你就可以支配环境了。"也就是说，只要你有积极向上的信仰，你的心中也就有了一盏灯，你跟随着灯前行，即便在黑暗的夜里，也能看到光明。

那么，怎样才有方向感？这就需要信仰给予我们力量。然而，在现代社会，随着物质文化水平的提高和文化多元化，一些人心中对于崇高信仰的追求似乎正在慢慢淡化，而这也是很多人心灵没有归属感的原因。因为只有忠实于崇高的信仰，心才有归属的暖巢；因为只有积极向上的信仰，才会让人有良好的精神状态。一个人如果有了积极向上的精神状态，那么他便能做事果断，争分夺秒。即使他正身处逆境，也不会感到恐惧，也总是心存希望，不会放弃，能够坦然面对困难，并积极寻找解决问题的办法。

对于那些拖延者而言，信仰是十分模糊的概念。他们对于明天、对于接下来该做什么、该怎样做都没有明确的答案，他们没有一个理性的目标来指导自己行动，在别人已经为信仰展开行动时，他们就站在原地打转，浑浑噩噩地浪费着生命。

我们先来看下面的故事：

比塞尔是一个位于撒哈拉大沙漠腹地的村庄，它像一块绿宝石般镶嵌在漫漫黄沙之中。这里独特的景观和风土人情，每年吸引着数以万计的游客来到，但是谁能想到，这里从前是一个无人问津的地方。那时，外面的人走不进来，里面的人也无法走出去，一代又一代，比塞尔人尝试过很多走出去的办法，可都失败了。于是他们以为自己是被什么妖怪施了魔咒。

后来英国皇家学院院士肯·莱文打破了这个千年"魔咒"。他凭借着指南针，仅仅用了三天半的时间就走出了村子周围的沙漠，用自身行动否定了村里人"无论你怎么走，都会回到原地"这一千年古训。

可是比塞尔人为什么就走不出去呢？肯·莱文感到很奇怪，决定弄个明白。于是，他雇佣村里的一名叫阿古特儿的小伙子给他带路，结果走了10天后，在第11天的时候，他们果然又回到了原来的出发地——比塞尔。但这一次肯·莱文却弄明白了比塞尔人走不出大漠的原因，原来不是魔鬼在作怪，而是因为他们根本就不知道前进的方向在哪里，连天上可以用来指引方向的北斗星也不认识。在四野茫茫的大漠里，一个人如果只凭着感觉往前走的话，他所走过的道路一定是许多个大小不一的圆圈，形象地说，看起来就像是布满一圈圈纹路的贝壳。再说，村子周围方圆千里尽是无边的黄沙，并无特殊的地形和建筑来作为前进的标志，要想走出去，简直就是天方夜谭。

在离开之前，肯·莱文把他的发现告诉了那位青年——阿古特儿，叮嘱他如果想走出沙漠的话，就白天睡觉，夜晚走路，而且一直朝着北面那颗星星指引的方向走。

年轻的阿古特儿听从了肯·莱文的教导，徒步走了四天之后，一片绿洲出现在了他的面前，远处还有他从未见过的连绵起伏的山峦。他知道他走出了沙漠，来到了祖祖辈辈梦寐以求的大漠边缘，于是他激动地发出了呼喊："啊，我们的新生活从此开始了！"

这个真实的故事再次使我们坚信：一个人的内心如果拥有一个信仰，并为之坚持不懈地努力，那么他一定会是一位成功的人。人生有许多这样的奇迹，看似比登天还难的事，有时轻而易举就可以做到，其中的差别就在于是否拥有非凡的信念。一百次的心动如果没有一次行动，就是一百次的失望，一百次的心动不如一次行动，然而，失望的情绪存在于很多人身上。

有信仰的人绝不会陷入迷茫中。如果你想成为什么样的人，那么，首先你就要敢于为自己编织梦想，只有树立明确的人生目标，你当下的工作和生活才更有动力。

我们需要记住，信仰具有无穷的力量。只要你追随自己的天赋和内心，你就会发现，你的生命被赋予了更高的意义，你也不再消磨光阴，而是让时间闪闪发光。

为此，我们要做到以下三点：

1.树立一个积极的、崇高的信仰

信仰的力量是伟大的，唯有怀抱信仰，人才会拥有希望。《肖申克的救赎》里说："恐惧让你沦为囚犯，希望让你重获自由。"在心底坚守希望，怀抱信仰，你就拥有无穷的力量。

2.立即行动，不要拖延

布莱德雷曾说："习惯性拖延的人常常也是制造诸多

借口与托词的专家。如果你存心拖延、逃避，你自己就会找出成千上万个理由来辩解为什么不能够把事情完成。"我们都知道勤奋和效率的关系。在相同的条件下，当一个人勤奋努力工作时，他所产生的效率肯定会大于他懒散工作时的状态。高效率的工作者都懂得这个道理，所以，他们能够实现别人几辈子才能够达到的目标。

3. 做事要有条理和秩序，不可急躁

急躁是很多人的通病，但任何一件事，从计划到实现的阶段，总有一段所谓时机的存在，也就是需要一些时间让它自然成熟的意思。假如你过于急躁而不甘于等待的话，你就经常会遭到破坏性的阻碍。因此，不管如何，我们都需要保持耐心，将焦急不安的情绪，这才是真正的智者。

的确，无论多伟大的信念，只有表现出来才更有意义。耶稣曾说过这样的话："凭借他们的果子，就能认出他们来。"是的，任何时候，真正算数的只有行为。如果我们不能将信念付诸实施，那么任何说得天花乱坠的理论对于我们来说都毫无益处，我们所拿到的果子也是苦的。

所以，任何人，只要有了信念，就不要迟疑，立即行动吧。总之，行动是治愈恐惧的良药，而一味地犹豫、拖延将不断滋养恐惧，使人丧失主动的进取心。信仰的实现靠的是行动，而不是没有价值的拖延。

第三章

拖延是怎么缠上你的

你是如何掉入拖延的怪圈的

我们也知道,多数拖延症的产生,是因为拖延心理在作怪,人们总是会给自己找各种理由,比如:我肯定不行;我想做得更好点儿;我为什么要听他的;我不知道为什么要去做这件事;太难了;万一失败了怎么办;我不知道该怎样处理和她的感情……这些只是拖延者的最终心理状态。在事情开始的阶段,他们也有着美好的愿望,但随着时间的推移,他们的心态也发生了变化,最终,他们还是没能将事情完成或者没有高效地完成。影响他们完成的因素有很多,这是一个恶性循环的过程,就好比一个怪圈,一旦我们陷进去,就很难跳出来。

当然,每个人拖延过程的周期长短是不一的,但都是从一个美好的愿望开始,最后到一个令人失望的结局。也许在过去的几年、一年或者几个月内,你都陷在这个怪圈内,找不到跳出来的出口,那么,你有必要对这个怪圈再进行一个更深层次的了解。

1."这次我一定要按时完成。"

刚开始的阶段,我们往往信心满满,认为自己这一次一定能做到,于是,在着手做这件事之前,我们用这句话给自己打气。我们认为自己一定会按部就班地将这一任务完成。尽管你也明白,你不可能马上就做好这件事,这需要时间,但你还是相信:无论如何,我会努力。也许只有在经过一段时间后,你才会认识到自己正在逐步远离这一愿望。

2."赶紧开始吧。"

事情开始的最好时机已经过去了,实际上,虽然你没有认识到自己原来美好的愿望已经不复存在了,但是你还会安慰自己,如果开始还是来得及的,所以,你对自己说:"赶紧开始吧。"虽然你也有了焦虑的情绪,压力也向你走来,但你明白,时间还早着呢,不必太担忧。

3."我不开始又怎么样呢?"

又过了一段时间,你还是没有做手上的事。现在,盘旋在你脑海中的已经不是那个最初的美好愿望开端了,也不是那个会让你感到焦虑的压力了,而是到底能不能完成。一想到自己可能完成不了,你开始害怕起来,然后还有一连串的想法:

(1)"我该早点开始的。"你明白自己已经浪费了太多时间,你不断地责备自己,你在想,如果早点儿开始就好了。但现在后悔也没什么用了。

（2）"做点儿其他事吧，除了这件……"在这个阶段，你确切地知道自己该做什么事，但是你却在逃避这件事，反而去寻找其他可以替代的事，比如整理房间、按照新食谱饮食，这些事情以前并没有那么吸引你，但现在，你却狂热地喜欢上了它们，因为这样，你能获得一些心理安慰："瞧，至少我做成了一些事情！"你甚至会产生一种错觉，你原本并没有做到的事也会因为这些事的完美完成而增色不少，但实际情况当然不是这样。

（3）"我无法享受任何事情。"已经被你拖延了的事情始终萦绕在你的心头，你也希望通过其他事情来转移自己的注意力，比如看电影、做运动、与朋友们待在一起，或者在周末去做徒步旅行，但实际上，你根本无法享受这些活动带来的快乐。

（4）"我希望没人发现。"时间已经过去很久了，但事情却一点儿眉目也没有。你不想让其他人知道你现在糟糕的状况，所以你会寻求种种方式来掩护。你让自己看起来很忙，即使你并未在工作，你也会努力营造一种假象，或许你会避开同事们、离开办公室等，表面看起来，你在为原本的工作忙碌，但只有你的内心知道，事情已经被延误了。

4."还有时间。"

此时，虽然你觉得内心愧疚，但你还是抱着有时间完成任务的希望，还是认为会出现完成任务的奇迹。

5."是我的问题。"

此刻你已经绝望了。因为你深知,不但原本的美好愿望没有实现,就连最后希望出现的奇迹也未出现。你的愧疚和后悔都无济于事,你开始怀疑自己:"是我……我这个人有问题!"你可能会感觉到:是不是自己在某些方面做得不到位,或者缺了什么,比如自制力、勇气或运气等,为什么别人能做到呢?

6.最后的抉择:做还是不做。

到了这个时候,你只有两个选择:背水一战或干脆不开始做。

选择之一:不做

"我无法忍受了!"内心巨大的压力让你实在难以忍受了,另外,剩下极少的时间也表明,再去开始做,希望也渺茫。于是,你干脆告诉自己:"算了,放弃吧。"并且,你还会自我安慰:"反正都没用了,何必庸人自扰呢?"最后,你逃跑了。

选择之二:做—背水一战

(1)"我不能再等了。"此刻,压力已经变得如此巨大,你已经认识到时间的重要性,你这样告诉自己:"哪怕一秒钟也不能浪费了。"你后悔自己浪费了时间,你感到哪怕最后搏一把也比什么都不做强得多,于是,你决定再努力一把。

(2)"事情还没有这么糟,为什么当初我不早一点儿开始做呢?"你对事情的难易程度又做了一次评估,你惊讶地发现,虽然它很困难,但却也没想象中的那样痛苦,而且,最重要的是,现在的你已经着手在做了,这让你觉得充实很多,你也为此松了一口气。你甚至还找到了其中的乐趣,所有你所受的折磨看来根本是不必要的:"为什么当初我没有上手做呢?"

(3)"把它做完就行了!"离原本胜利的目标不远了,事情马上要做完了。你从未觉得时间如此重要,你不容许自己浪费一分一秒。这就好比一场冒险游戏,当你沉浸其中,发觉时间不足时,已经没有任何多余的时间去进行计划和思索了,你把所有精力都放到了如何将这件事完成上,而不是将事情做到最好。

拖延来自宽容

很多拖延者知道自己有拖延的习惯,也想努力改掉这个坏习惯,但数次努力都无疾而终,还在一味拖延,可见拖延的诱惑非常大。

拖延可以说是综合因素的结果。在导致拖延的因素中,既有外部因素,也有内部因素。外部因素是通过内部因素起作用的,因此,拖延行为的产生更大的原因是我们自己。

在我们自身的因素也就是内部因素中,拖延容易被宽容是其中重要的一项。正是因为不断被宽容，我们才不断地拖延，宽容既有来源于自身的，也有来源于他人的。

苏颖是一家互联网公司的文秘，她承认自己在工作中有拖延的行为，每次领导分派给她的任务，她总是不急于完成，而是快到完成期限时，才开始动手。结果不是完不成任务就是敷衍了事。对此，她抱着无所谓的态度，因为即使没有完成任务领导也不会训斥她，而且在分派工作给她时，领导虽然交代工作周一要完成，但往往到周三才会问起完成情况。正因为如此，苏颖的拖延行为一直进行下去。

从这个事例中，可以看出苏颖的拖延行为之所以能一直进行下去，很大一部分原因是来自宽容，不仅来自领导对她的宽容，而且还来自自身对自己的宽容。

我们经常为自己做错事找出各种辩解的理由。这些理由往往并不是事情没有做好的真正原因，而是我们为自己开脱的借口。我们找出这些借口的目的是原谅自己，宽容自己。看看这些借口，我们是不是经常使用：明明是我们没有在固定的时间内完成任务，却偏偏要说，"最好的时机还没有到来，我想再等等"，"这几天我身体有些不舒服，精神状况不佳，所以工作才拖延了一天"，"这一段天气情况糟糕，有风有雨的，让人没有心情干活，所以工作才拖延了下去"。

固然，我们可能心情不好，精神状况欠佳，但即使是这样，我们也能坚持完成我们要完成的工作。我们要等最佳时机、最佳状况来完成工作,殊不知,最佳时机和最佳状况是不存在的,是永远都不会来的。

虽然时机可能真的不是多好,心情也可能真的欠佳,但我们还是可以工作的,即使效率不是最高。为了等待所谓的最佳时机、最佳状况,我们白白浪费了大好时间,却在事后找出各种不堪一击的理由搪塞我们拖延的行为,原谅、宽容自己,真是自欺欺人,可怜又可气。

很多时候拖延者知道自己的拖延行为是不对的,所以他们经常会说:"我知道这次没有在规定期限内完成任务,但下一次,我尽量争取早动手,争取在规定时间内完成任务。"把希望寄托在下一次,而下一次依然如此,事后又痛定思痛,一次又一次地寄希望于下一次,一次又一次宽容自己,一次又一次拖延下去。

"下一次"现象说明了什么?首先它表明了拖延者已经认识到了自己拖延的问题,其次也表明了他们想改变的想法,但是为什么每一个"下一次"后面总还会有下一个"下一次"呢?

主要的原因是"下一次"只是一种麻痹人的想法,它让你宽容自己,让你将目光转移到下一次的任务上,可是它没有告诉你要将想法付诸实践,只是给了你一个虚无缥缈的希望。你想过没有,这样的"下一次"将会有多少,一次期待一次,何时是尽头?正是由于"下一次"没有尽头,想有多少就有多少,所以我们才一次又一次地放过这一次,期待下一次，而拖延也就自然而然地进行下去。

来自他人的宽容也纵容了我们的拖延。来自领导的宽容更让我们有了拖延的"资本"，比如本来周一要交上去的报表，直到周三领导才过问。很多时候，即使领导知道了拖延的发生，也没有过多责难我们，而只是象征性地说了几句。于是，我们会这样想：老板都不在意我们拖延，我们又何必自己为难自己呢！那样岂不是傻子吗？于是我们更加肆无忌惮，继续将拖延进行下去。

拖延的行为有了宽容这块沃土的滋养，能不深深扎根，能不茁壮成长吗？等到拖延真正扎下了根，再想要拔除，又谈何容易？要想解决这类问题，就要想尽办法阻止这种自欺欺人的宽容，从根源上解决拖延问题。

为了安逸而拖延

人属于社会性动物，在一定程度上渴望生活在社会群体间，乐意与人交流，喜欢有人支持和鼓励。更为重要的是，与他人在一起会让人有一种安全感和舒适感。如果没有了他人的陪伴和与他人的交往，则人往往会感到恐慌和不安。

人的社会属性也使人在认为自己没有能力做某件事时，采取拖延、彷徨的方式来应对此事，实际上，这也是对安全和舒适渴求的一种表现。总之，如果人们怀疑自己缺乏独立自主性，就会采取各种方式来拖延手头的事情。

唐欣是独生子女，从小到大，父母对唐欣呵护备至，吃的、穿的、用的、玩的，他们都给备好了，唐欣只需要衣来伸手、饭来张口。同时，唐欣也是个乖孩子，十分听大人的话。就这样，在父母等亲人的呵护下，唐欣顺利地进入大学。在学校，唐欣踏踏实实做好每一门功课，尊敬老师，与同学和睦相处，得到了老师和同学们的喜爱。

大学毕业的时候，成绩优秀的唐欣获得了留校任教的资格。对此，唐欣也很满意。做个老师安安稳稳地过完这一生是她的一个愿望。可是变故突然发生了。为快速提高学生成绩和扩大学校影响力，学校最后决定高薪聘请几位教学经验丰富的老师来充实师资队伍。这样本来给唐欣的教师名额就被取消了。唐欣对此忧心忡忡，对未来充满了迷茫。

唐欣走出校园，走向社会。她将写好的简历投寄给许多教育机构，她依然想当一名老师以度此生；同时，她也顺便将简历投给了几家招聘企划文案的大公司。这几家公司规模都很大，在业内都很有名，唐欣没有奢望能被这几家公司看上。给这几家公司投简历只不过是顺手之举，没有抱什么期望。令她没有想到的是，一周后，其中一家公司给她打来了电话，约她去面试。后来，面试顺利通过了，这家公司给她发来了邀请函。

唐欣有些心动，要知道这个公司可是实力派，在业内鼎鼎有名。虽然她本想做个老师安安稳稳度过一生，但现在有新的机会摆在她面前，她有些按捺不住兴奋之情，但又有些害怕。于是她征求父母等人的意见。这一次家人没有给她明确的意见，而是让她自己认真考虑，然后做出决定。

唐欣陷入了迷茫，从小到大她一直很少拿主意，现在让她决定这样的大事情，她不知道怎么办。她犹豫不决，就这样一直拖了下去，到了这家公司约定的面试时间，唐欣还没有做出决定。

案例中的唐欣虽然各方面都很优秀，但是由于她有一个很大的弱点，那就是缺乏独立性，没有主见，所以当公司通知她面试时，她迟迟拿不定主意，以至于最后错过了机会。

有这样一类人群，他们安居于次要地位，并感到很安全、舒适。他们不愿意承担责任，希望有人来领导他们，因为这样会让他们感到安全和踏实。如果将他们推到一把手的位置，那么他们将会感到非常恐慌，他们担心失去原有的安全感和舒适感。

李琴是皇朝五星级酒店的副总经理，她在这个位置上已经工作三年了。她协助总经理将酒店管理得有声有色，风生水起。总经理对她的表现非常满意。

不过最近一段时间，李琴的表现令总经理感到诧异。他本来打算过一段时间提前退休，好好享受人生。退休前，他准备将李琴提到总经理的位置，现在却发现李琴的表现与之前有了很大的变化，以前李琴做事有条有理，而现在做事颠三倒四；以前做事劲头十足，而现在做事无精打采，而且拖拖拉拉，效率很低。

此外，他还发现李琴的改变好像是从得知自己要被提升为总经理的那一刻开始的。当她得知自己将要升为总经理后，开始露出欣喜的笑容，但随即就不自觉地紧锁眉头，并要求收回这个任命。最后，总经理认为李琴在下意识地回避升职一事。

实际情况正如这位总经理所料，李琴确实是因为升职一事而发生了重大变化。她认为自己没有能力担任总经理，也不想当总经理，她倒是觉得副总的位置很舒服，也很安全，她自己已经在副总的位置安安稳稳待了三年，已经习惯于向总经理请示，习惯于让总经理做出决定，然后去执行，这样的模式让她感到很安心。如今，要被推到第一线了，往日的安全和舒适没有了，她变得焦虑，并下意识地拖延手头的工作，希望以此来维持现状。

还有些人常常拖着该做的事，宁愿自己陷入被动的状态，他们期盼有人出手将他们从困境中解救出来。对他们来说，最彻底的解救就是有人帮他们完成本属于他们的任务。由此他们养成了凡事拖延的习惯，并一直期盼"救世主"出现。

小美是一家设计公司的设计师，公司中每个设计师都有自己的任务。有一次，小美接到的任务有点儿棘手，正在她愁眉不展时，同事小王帮她出了一招，使得小美顺利完成了任务。后来，再有工作任务分配下来时，小美总是不愿立马开始着手做，总希望有同事能来帮她想点子，因此工作一拖再拖。

案例中的小美就是因为期望别人的帮助才造成了拖延。

对他们来说，拖延的一个最重要的作用就是能帮助他们尽量保持现状，不让他们感到安全和舒适的生活发生重大变化。尽管有些改变对他们来说是好事，但他们还是不希望改变，于是拖延由此养成。

拖延也可能说明你焦虑

研究证明，拖延症患者的品性中多包含担忧、焦虑和抑郁的情绪。因为拖延，他们在生活和工作中频频遭遇挫折，这让他们经常处于一种心灵的煎熬中。这种煎熬让他们不堪重负，于是他们就借助拖延来转移注意力，以求得一时的身心解脱。但是事与愿违，拖延不但不会将他们从那种心灵的煎熬中解救出来，还会加重他们的焦虑、担忧和抑郁情绪。这样他们就陷入了一个封闭式的恶性循环中。

苏婷是一家公司设计部的设计人员，主要负责高级室内装饰设计。一直以来，设计工作都充满压力，客户的要求越来越高，越来越苛刻。这让苏婷备感压力，她觉得自己的身体越来越差，晚上失眠越来越频繁，而早上又经常爬不起来。一天到晚头昏脑涨，注意力很难集中。

第三章 拖延是怎么缠上你的

上周苏婷接手一个新设计任务，星期六早上她一起床就开始琢磨这件事，她边吃早饭边继续琢磨。吃过早饭，简单收拾一下，她便打开电脑想寻找一下设计灵感。她打开网页，浏览了一下知名设计师的作品集。看的过程中，她忽然想到新出来的一部电影，据说布景很有创意，格调也与众不同，可能有些参考价值。于是她找到了那部电影看了起来。

这部电影的布景确实有些不同，格调好像也有所创新，但似乎对自己的设计没有什么参考价值。苏婷看着、想着。她感觉头脑有些昏沉，有多个声音在同时响起："还是赶紧关了它，去干活吧！这种电影有什么可以借鉴的？""我看它，是希望能从这里面受到启发，找到灵感，我可不是单纯为了欣赏。""这样的背景有什么与众不同？还不是没有什么差别。""不，我觉得还是有些不一样的地方，不过似乎对我的设计没什么作用。"

苏婷变得焦虑起来，她担心自己做不好这个设计。她希望从别的事物中受到启发，寻找到灵感，但是她又发现她的想法有些不切实际，就好像她现在无法从正在看的这部电影里面受到任何启发一样。既然不能从这里寻找到任何灵感，那么就应该离开它，去别的地方寻找，可去哪里寻找呢？想到这儿，她觉得头更加昏沉，但是她知道不能给自己太大的压力，怕头昏沉得更厉害。她就这样心事重重地看了很久，觉得头越来越沉，她决定关掉电脑，去卧室睡上一觉。

醒来后，苏婷觉得头似乎不那么昏沉了，但还是浑身不舒服，于是她决定去咨询一下医生。仔细询问和检查过后，医生告诉苏婷是压力过大、作息不规律导致了身体功能紊乱、轻度抑郁症。医生给她开了一些缓解精神压力的药，并嘱咐苏婷要放松，不要太紧张，作息、饮食要规律。

苏婷遵医嘱按时服了药，但心里还是放不下那个设计任务。她强迫自己暂时不去想它，但就是做不到，无法专心投入，总是在拖延和自责中纠结。这样她的身体越来越差，对工作也越来越感到难以应对。

焦虑是一种来自内心的不安或恐慌，是人遇到外来压力或者挑战时出现的一种正常的情绪反应。它通常与精神以及未知的、可能产生的威胁或危险相联系，主观表现为感到紧张、痛苦以至于难以自制，严重时会伴有神经性功能障碍。

从本质上看，拖延是人们对抗焦虑状态的某种心理反应。焦虑大多数发生在一项任务开始的时候，当个人对这项任务有某种抵触情绪或者自我感觉不能顺利完成该项任务时，就会产生焦虑。事例中苏婷的反应就是一种焦虑。

医学研究表明，当人受到压力时，自主神经系统会在大脑的调解下释放出应激激素皮质醇和肾上腺素。而当压力消失时，自主神经系统会恢复到平衡状态。但是，如果人受到的压力过大，或者持续时间过长，那么应激激素就会很快消失，无法再对身体起保护作用。这样压力就会损害你的身体，使你的血糖升高，并影响你的睡眠，同时，会限制身体的自我修复能力，进而侵害身体的免疫系统。随之而来的就是焦虑、抑郁症等精神类疾病的出现。

针对自己的实际情况，再参照上面的论述，看看你的拖延是否也来自焦虑。如果确定是焦虑导致了你的拖延，那么就要想办法去除焦虑，以求从根本上解决问题。

惧怕失败，索性拖延

经常有父母在大考之前带孩子去做心理咨询，咨询的问题如出一辙：原本成绩优秀的孩子，在即将"上战场"之际，突然变得情绪烦躁，不爱学习了，要么整天打游戏，要么声称不想去上学，更有甚者出现了躯体上的问题，而医生的诊断却说没什么大问题。

当然，出现这种问题的原因不一，但其中有一大部分的孩子拖延着不去备考的原因，是太渴望一个理想的成绩，又担心自己达不到，无法面对"万一失败"的事实。

1983年，美国加利福尼亚州的临床心理学家简·博克和莱诺拉·袁博士研究得出：害怕失败是拖延的原因之一。时隔二十几年之后，也就是2007年，结合过去多年来对拖延症的研究，卡尔加里大学的皮尔斯·斯蒂尔博士又发现：害怕失败跟拖延有一定的关联，害怕失败会让一些人拖延，不想行动；同时，也会让一些人积极采取行动，不拖延。

恐惧在拖延症中起什么作用呢？2009年卡尔顿大学的提摩西·派切尔教授带领两位研究生通过研究验证：导致拖延症的恐惧是多方面的，有人是因为缺乏信心而拖延；有人是害怕表现不好丢脸、伤自尊而拖延；还有人则是害怕自己失败了，会让自己最在意的人失望，所以才拖延。

有一个女孩，前一年考研失败，又重新准备一年，她内心充满了担忧：这次要是再失败，该怎么面对父母？会不会让他们感到很失望？会不会被周围的同学嘲笑？她陷入了极度焦虑的境地，脑海里不断出现别人如何看待自己的画面：准备得不好；头脑不够聪明；父母失望的神情……虽然这些事情还未发生，却已经给她造成了极大的困扰，不知道如何应对的她，就干脆拖延着，不再做任何努力。

这样的问题，你是否也遇到过？或者说，正在经历这样的煎熬？冷静下来想想，当你被这种恐惧感紧紧包裹的时候，你又怎么可能如愿以偿地完成任务？你的生活又怎么不会陷入瘫痪的状态？拖延和逃避，看似是一个避风港，但真正的暴风雨依然会来，躲在那个虚假的幻象里，你永远不可能穿越风雨，看到一个充满力量的自己。

坦白说，每个人都害怕失败，在现实生活中，很难找到一个完全不在乎输赢、不拘泥成败的人。只不过，有些人能正确对待失败，有些人才把失败视为深渊。

畏惧失败的拖延症患者，通常都坚信宿命论，认为一切结果都是命中注定，谁也无法改变；他们可能曾经遭遇失败，认为自己没有能力应对任何变化，甚至觉得人生和时间根本不可控，全由他人掌握。试想一下：抱着这样的信念去生活，人生怎会不失败？

所谓的命运，不过是强迫重复一种错误的思维和行为。尼采说过："世间之恶的四分之三，皆出自恐惧。"当一个人能做到不念过去、不畏将来，信得过自己，凡事尽最大的努力，也就没空胡思乱想失败后的情况，更没心思去焦虑和拖延了。说真的，谁能预料明天呢？任何人能做的，都是把握现在。

拖延是最大的不负责

提到莎士比亚笔下的悲剧性人物，哈姆雷特绝对算得上是一个典型。

"生还是死，这是个问题。"

"是不是应该向我的继父，也是我的叔父报仇雪恨？他杀死了我的父王，奸污了我的母亲。"

在精神病学家眼里，哈姆雷特是优柔寡断性格的代表人物。我们的生活要经历各种无法预知结果的事，到底是采取行动还是保持原样，哈姆雷特映射出了现实中不少人的影子。很多时候，人拖延着不做某个决定，不执行某项任务，并非真的没有想法和倾向，只是不敢去做那个决策。

人生中不可避免会遇到这样的情况，没有妥善处置的小决定，最后变成了超过自己能力范围的重要决定。过去选错了工作、选错了伴侣，之后为此付出了巨大的代价。做决定是一件需要勇气的事，因为它面临着未知的风险，于是拖延就成了避免责任和犯错的一种方法。

　　职场新人苏梅，对工作非常认真，老板交代的任务，她总是用心去做。每次递交结果的时候，她总会拿出三四套不同的方案给老板，并把各项方案的优缺点做一个全面的分析，但从来不说自己认为哪一种更好。

　　起初，老板觉得苏梅做事挺勤快，颇为欣慰，并未察觉有不对劲的地方。可渐渐地，老板意识到一个问题，明明是交给她做方案，自己的工作量却比原来多了。他要花费一个小时的时间听苏梅讲述所有方案，这段时间完全都能跟老客户谈一笔生意了。待苏梅介绍完之后，他还要进行对比，判断哪一种比较好，或是在哪儿进行修改。

　　考虑到苏梅是一个新人，老板也没有多说什么，只是指出了这个问题，希望她能做出调整。但是，苏梅还是跟从前一样，只是把过去的三四套方案改成了两套，让老板做比较。这个问题让老板很是头疼，甚至开始考虑是否要继续雇用这个员工。

　　生活中的苏梅也是一个回避做决策的人，就连看电影、买东西这样的事，也喜欢让别人替自己拿主意。她这么做的目的是什么呢？

第三章 拖延是怎么缠上你的

心理学家沃尔特·考夫曼早就说过："患有决策恐惧症的人，通常不会自己做决定，而是让别人替自己来决定。这样的话，他们就不用对后果负责了。"仔细琢磨这句话，会发现它说的就是事实。

有决策拖延症的人总认为，只要不做决定，就不会犯错。对于他来说，如果自己只交一份策划案给老板，万一老板不满意，或是直接被客户退回来，他就得承担责任；如果他多交几套方案让老板选择，最后就算客户不认同，那跟他也没多大关系，大不了就是退回来修改一下。

拖延着不做决策，把决策的权力交给他人，责任就被转嫁到他人身上了。看起来，这好像是一个很"聪明"的做法，但其实这是一个再糟糕不过的行为。从工作方案到人生大事，拖延着不做出决定，不过是暂时回避了那个问题，但最终会给自己的人生带来巨大的损失和痛苦。

生活是一场人人都得参与的比赛，人们必须加入，也必须成为赢家。冒险和博弈，是生命的重要组成部分。做决策是一种挑战，也是必经的经历。有可能你会说："我可以晚一点儿再做决定，我还年轻，不需要冲刺，我可以用大把的时间来学习、投资、结婚、生子……等我做完了这件事或那件事，我再来做这个决定。"别忘了，人生不是无限的，一直拖延着，你真的可能会虚度一生。

人生本就是由各种选择和决定串起来的，人之所以为人，就是因为我们有能力决定自己想要的东西。一个没有担当的勇气、没有明确的目标的人,注定会变成懦弱、没有主见的傀儡,因为你把自己与生俱来的决策能力和权利全都放弃了。哪怕是做错了、失败了,那也总比不做决定要好得多;就算是爱过又失去了,那也比从来都没有爱过要好得多。

第四章

从现在开始，甩掉拖延

你为拖延找了太多借口

人生在世，每个人都必须具备责任感，这不仅是对他人负责，也是对自己负责。而借口与托词，则是责任的天敌。然而，在我们的生活中，总是在为自己的拖延行为找借口的人比比皆是。这就是不负责任的表现。他们接到任务以后，并不是立即、主动地处理，而是不断地拖延，并为自己的拖延找借口，致使工作无绩效，业务荒废。可想而知，这样的人怎么可能有工作和事业上的突破？

习惯性拖延者总是能为自己找出各种借口，我们也总是能看到很多借口的影子：

"因为我资金不足，所以没办法开始。"

"这段时间太忙了，这么多工作交给我一个人，我不可能完成。"

"我不是这个专业的，所以没有完成任务。"

"如果其他人更好地配合我的话，我想我会完成的。"

借口无所不在，像我们周围弥漫的空气一样。借口变成了拖延的一面挡箭牌，事情一旦没完成，我们就会找一些冠冕堂皇的理由作为借口，以此来获得他人的理解和原谅。找到借口的好处是能把自己的懒惰掩盖掉，心理上得到暂时的平衡。但长期如此，因为可以找各种借口，人就不会再去努力，不会在争取成功上想办法，而是把时间和精力都放在寻找合适的借口上面。

在做事的过程中，经常找借口的后果就是养成拖延的坏习惯。初始阶段，也许你会有点儿自责，但随着拖延次数的增加，你会变得盲目，甚至到最后，你也认为自己做不到的原因正是借口中所说的原因。

在很多人羡慕的美国西点军校，"保证完成任务！"是学员们的标志性话语。"保证完成任务！"绝不是简单空泛的一句口号，它是一名军人的承诺，它是对责任的崇敬，它是全世界的军人和战士对于理想的执着。在西点军校内，每项命令都必须严格执行，没有丝毫的借口。在西点军校的字典里没有"借口"可以逃避，在完成任务中，如果遇到困难，就要想办法去克服，尽自己的全力，不惜任何代价也要完成任务。

处在平凡岗位的人，或许你经常感叹为什么成功的机遇总是不光顾你？为什么领导不愿意让你担当重大事件的处理工作？为什么同事们不愿意信任你？不妨从现在开始反省，你是否有拖延、找借口的习惯？如果有，就从现在开始，彻底地将借口从你人生中"驱逐出境"，现在就立即执行吧。

第四章 从现在开始，甩掉拖延

张伟是某机械厂的老员工了，一直以来，为人处世都还不错，深受同事和领导的信任。但最近这次，他的情绪却失控了，最终因为与领导产生了矛盾而离开工厂。

其实，对这一点，同事和领导都没觉得意外，因为张伟对待工作实在太马虎了，无论做什么事，都是一拖再拖，经常还会耽误其他人的工作。不过，原来的张伟并不是这样的，他的改变是从一次意外事故后开始的。那天，张伟上夜班，可能是因为太困了，一不小心，他从架子上摔了下来，幸亏架子不高，腿只是有点儿轻微的骨折，到现在，张伟走路也看不出异样。

从那以后，领导安排张伟什么事情，他都借口自己的腿不方便，毕竟是因为工作出的意外，领导也不好说什么。

然而，时间久了，领导对他也有意见了。一天，他还是和往常一样，比正常上班时间晚了半个小时来到单位。到了以后，他却接到一个电话，主任安排他随兄弟部门的车下乡一趟。于是，原本准备上楼的他就在单位门口等车。可是，一个多小时过去了，却没见到车的影子。没想到，下乡的车早已经开走了。他立即打电话给主任说明情况。对此，主任说："那你为什么迟到呢？"

张伟赶紧来到主任办公室，想当面向他解释清楚。主任却说："今天，你必须得去。要不然就自己坐公共汽车去。"说完，又忙自己的事了。张伟的怒火腾的一下蹿得更高了。在他看来，这明摆着就是在惩罚自己，而自己错在哪儿了?"我不去。"他冷冷地说。"嘭",主任猛的一拳捶在桌上,咬牙切齿地说:"今天你去也得去,不去也得去。"张伟气急了,也砸了一下桌子。

一瞬间,主任吃惊地望着张伟,这时,主任办公室外也已经挤满了来看热闹的人。

从那件事以后,主任好像有意冷落张伟,他把办公室能处理的事情都交给别人做,这让张伟寝食难安。最后,张伟还是决定辞职,因为这家公司他确实待不下去了。

这则职场故事中,职员张伟总是拿曾经因工受伤这一借口拖延工作;因为拖延,他也与领导产生了纠纷,最终只得辞职离开。

有命令就要去执行,这是我们每个人都应该遵循的做事准则。因为懒惰,你的那些借口能为你带来一时的安逸、些许的心灵慰藉,但是却会让你付出更大的代价。

我们要从以下三个方面努力:

1.克服自身懒惰,选择立即行动

一个人之所以选择懒惰,并不是他的能力不足和信心缺失造成的,而是在平时常常轻视工作、马虎拖延,以及对工作敷衍了事。要想改变这一点,首先就要改变自己的态度,以诚实的态度,负责敬业的精神,积极努力地对待手头的工作,只有这样,才能做好本职工作。

2.端正自己的态度,直面责任

"积极高昂的态度能使你集中精力获得自己想要的结

果。"在工作中，我们应始终保持平常心。在任何时候，工作和责任始终捆绑在一起，工作越好，责任越大，没有工作也就无所谓责任，要敢于负责。

3.不要总找借口，学会立即行动

把工作做好是我们工作的最终目的，在相应的时间里，追求最大的效益，任何借口和拖延都将影响我们工作的完成。工作的选择、态度和热情都必须做到立即行动，因为只有立即行动，才不会让计划落空。

困难只存在于你的想象

阿明从小的梦想就是成为一名旅行家，环游全世界，拍下无数照片，然后著书立传，分享自己的故事，拥有大量的粉丝。但是眼看着就要到而立之年了，阿明却从未走出过北京。他的双脚所走过的最远的地方，就是到了长城脚下。

他和朋友计划一起去爬长城，等来到山脚下准备买票时，他突然产生了惧意。当时正是假期，游客很多，面对众多的游客，他突然说："是不是太拥挤了，万一发生意外怎么办？"做任何事情，他都追求万无一失，稍有风险就会停止行动。

阿明的心一直在路上，但身体却被困在一个小房子里。阿明说，他每天都在社交网站和旅游论坛上浏览各种风景图片，为陌生而有勇气的驴友们点赞。但当别人邀请他一起出去旅行时，他却总会想出一个恰当的理由来拒绝。

从长城脚下回来后，阿明就陷入了一种东怕西怕的状态：

"我的老板不会批准我的假期申请，而我又不能失去这份工作。"

"那几天天气不好，万一遇到暴风雨，就太危险了。"

"说走就走的旅行？不，这太疯狂了，我需要制订一个周密的计划。对，我还需要再攒点儿钱，然后买一辆房车。"

"计划是不是还有漏洞，难道不应该考虑一下生病的可能性吗？"

"我突然想到那个地方的信号不好，这是一个隐患，还是不要去了吧？"

从某种意义上讲，我们都是曾经的"阿明"，心里有无数个想法，可比想法更多的是恐惧。于是，那些想做的事就被无限期地拖着，并用各种借口安慰自己，想象着等自己变得更强大、更出色、更有能力的时候再去做。结果，大半生过去了，也没等到那个时刻。

世界著名的撑竿跳运动员布勃卡，曾经35次打破男子撑竿跳的世界纪录，享有"空中飞人"的美誉，接受过乌克兰总统亲自授予的国家勋章。就在那次授勋典礼上，记者们让他谈谈成功秘籍，布勃卡笑着说："很简单，每次起跳前，我先让自己的心'跳'过横竿。"

许多事情你总觉得遥不可及，随随便便找个借口放弃了，可有人却在你望洋兴叹的时候，把不可能变成了可能。其实，别人能够做到的事情，你也可以，只是你的消极、你的怀疑、你的倦怠、你的胆怯，阻碍了你去尝试的脚步，让你在畏畏缩缩中拖延，埋没了自己的潜能。如果你不认输，没有人能让你投降；如果你认定自己行，全世界都会为你让路。

不要再让没来由的、荒谬可笑的借口囚禁你的潜能，也不要再让自己输给莫须有的假想，突破心障，挑战自己，你会惊喜地发现，在打破恐惧的那一刻，你也蜕变成了全新的自己。

破釜沉舟才能夺取胜利

1830年初，法国作家雨果和出版商签订合同，约定半年内交出一部作品。尔后，雨果把所有外出的衣服都锁进了柜子里，把钥匙扔进了湖里，彻底断绝了外出会友和游玩的念头，专心写作，于是就有了《巴黎圣母院》这部文学巨著。

古希腊著名演说家戴摩西，年轻时为了提高自己的演讲能力，躲在一个地下室里练习口才。因为耐不住寂寞，他时不时地想跑出去溜达，心总是静不下来，练习的效果不太理想。无奈之下，他一狠心，把自己的头发剪掉了一半，变成了一个怪模怪样的"阴阳头"。这样一来，他没法儿不顾形象地去见人，就打消了出去玩的念头，专心地练口才。连续几个月不出门，戴摩西的演讲水平突飞猛进。在这样的勤学苦练下，他成了著名的演说家。

雨果也好，戴摩西也罢，他们究竟在做什么？是真的跟自己过不去，才会用如此极端的方式来强迫自己吗？当然不是。他们只是不想给自己找借口的机会。

成功学大师拿破仑·希尔在《思考致富》中曾经提出过这样一个理念：过桥抽板。请注意，这不是教导我们过河拆桥、忘恩负义，而是提醒我们：在做一件不可以轻易完成的事情时，最好切断退路，让自己无路可退，这样才能调动所有的激情，释放所有的潜能，一往无前。

这些有所作为的大师，其实就是不想给自己留退路，逼着自己一心一意地做好自己正在做的事，完成必须完成的工作。很多时候，退路是另一种逃避，有退路的时候，懈怠和自我安慰就蠢蠢欲动。对待工作，所有做不到和完不成的借口，往往都是给自己留的退路。如此，就能给自己的惰性、欲望、恐惧找到合理的解释，想办法对自己无法拼尽全力找一个台阶。这些借口听起来总是那么合情合理，而前途和出路也在借口中被掩埋了。

美国卡托尔公司的新员工录用通知单上，印着这样一句话："最优秀的员工是像恺撒一样拒绝任何借口的英雄。"为什么说像恺撒一样呢？

公元前49年，恺撒破除将领不得带兵渡过卢比孔河的禁忌，带兵进军罗马，与格奈乌斯·庞培展开内战。

在渡过卢比孔河之后，他决定不给自己的军队留任何退路，下令烧毁所有的船只。他向全体战士训话，明确地告诉他们：战船已经烧毁，所以大伙儿只有两种选择：一是勉强应战，如果打不过勇猛的敌人，后退无路，就只能被赶入海中喂鱼；另一条路是忽视武器和补给的不足，奋勇向前，攻下该岛，则人人皆有活命的机会。

眼见着船只烧为灰烬，战士们都明白了，这场战役是生死之战，除了胜利，没有任何退路！在这样的情形下，战士们被激发出了所有的潜能，内心不存在丝毫的侥幸，也不再幻想着有路可退，最终赢得了胜利。

没有任何事情是可以不费力就能做成的，想要借口自然就能找到，但要拒绝借口却不那么容易。只有在一切后退的希望都消失了的时候，才能像恺撒和他的将士们那样，以一种决死的精神去拼杀。想翻过一座墙的时候，记得先把帽子扔过去，下定了决心，没有了退路，就不会再想着逃避、拖延，只会想方设法去实现它！

你只需要努力，不需要借口

《羊皮卷》中记载，有一天，华盛顿总统的秘书迟到了，理由是手表慢了。华盛顿总统听完后说："要么你换块手表，要么我换个新秘书。我的表从来不问客人有没有到，它只问时间有没有到。"可见，借口是苍白无力的。

下面是一些不想做事的借口，对照一下，看看你的借口跟这些借口有没有吻合的。

"我今天感觉身体有些不舒服，头有些痛，明天再考虑这事吧！"

"今天我心情不太好，还是改天再做吧。"

"这个项目的资料我还没有收集全，不能这样贸然开始。"

"时间还很充裕，先不用急着开始，去那边逛逛再开始也不迟。"

"我感到有些累，外面空气清新，我们先去外面转转，转够了再回来接着做。"

"外面阳光灿烂，草长莺飞，还是让我们出去玩会儿吧！事情往后拖一拖没有多大关系。"

"我已经算是表现好的了，应该为自己庆祝一下，然后再好好休息一下。"

"明天有更多的时间去做这件事情。"

"既然做这件事情的最佳机会已经过去，那我们不妨再等等新的机会吧！"

"管他呢，以后再说吧！"

就是在这些类似的借口下，我们将事情拖延了下去，最终迎来了令人懊悔的结局。

在拖延的世界中，借口往往让拖延变得顺理成章；与此同时，拖延又为借口的诞生创造了条件，拖延者俨然成了借口和托词的制造者和传播者。殊不知，这样的局面很可怕，

第四章 从现在开始，甩掉拖延

因为一旦陷入这样的恶性循环，就只能在拖延的泥潭中渐渐沉没。要想从这个可怕的泥潭中摆脱出来，就要用壮士断腕的勇气甩掉那些借口。

借口是一种自我束缚。成功人士为什么总是能够抓住机会获得胜利，而失败的人为什么总是一而再，再而三地遭到挫败？其中一个重要的原因是成功的人在前进的道路上从来不给自己找借口，面对选择，他们果敢、爽快，从不瞻前顾后，畏首畏尾；自己力所能及的事都会努力做到，如果遇到困难则会想办法克服；遇到力不从心的事，也不会去刻意勉强自己，而是直接表示自己无能为力。而失败的人害怕做出选择，在没做事情之前，总是先找出失败的借口。如果事情真的失败了，就拿这些借口搪塞，逃避责任，这样借口就成了束缚发展的拦路虎。

人一旦放松要求，给自己找借口，在这种松懈心态的影响下，不积极进取将成为自然而然的事情，甚至被认为是理所应当、天经地义的事情。那么不难想象，接下来做事必然会拖拖拉拉，人的精神也会因此变得萎靡、颓废，生命也会因此失去亮丽的色彩。

昌吉和冯源在大学毕业后一起进入一家大型连锁超市的营业部工作。这份工作是他们毕业后的首份工作。

昌吉做事认真严谨，这得益于他严格的家教。上小学时，如果因粗心失误做错了一道题，父母就要狠狠教训他一顿。生活中，小昌吉也不能轻易犯错，否则也会招来父母的批评。从小学到大学，昌吉就一直处于这种严格的教育中。正是这种严格教育，培养了他严于律己的精神。工作中，昌吉严格要求自己，认真努力做事，处理事情不拖泥带水。另外，无论遇到什么事，他都不会给自己找借口，不会逃避责任，而是积极寻求解决问题的办法。他的这一行事作风很快博得了超市领导的关注和好感。在超市领导有意地严格要求下，昌吉快速成长，逐渐成为超市重要管理层的一员。

而与昌吉一起进入公司的冯源则是另一种情形。虽然他也想出人头地，力争做每一件事都让所有人满意，但是每次接到任务的时候，他不是想着如何尽最大努力去完成，而是先考虑做不好该怎么办。他事先想好了各种借口，以在事情结果不满意时做搪塞之用。渐渐地，他做事的效率低了下来，为此，领导多次批评他，对其工作表示不满意。这令他更加心慌，更加拼命找借口，因此他的很多精力都花在了这上面，工作效率进一步降低。领导逐渐对他失去了信心。最终，冯源自己也感觉不适宜再在这个超市工作了，于是只好无奈地辞职了。

由于借口常常给人留下退路，所以一个人在做事情时，最怕的就是找借口，缺乏必胜的信心，不严格要求自己，结果在借口中堕落下去。

当然，并不是所有的借口都是毫无根据的，比如，你可能真的病了，可能真的是那天忘记带手机而无法与客户及时取得联系，再或者客户那边真的是由于别的原因而推掉了你的邀约等。虽然你的借口确实有真实的一面，但你采用这个借口的根源也不过是为了逃避内心的不适感而已。那些不给自己找借口的人也会遇到这些情况，但是他们依旧会坚持不懈地抓紧时间做事情。

从根本上说，不敢担负责任，寻找为失败辩白的借口，是源于内心消极负面的心理，有这种症状的人通常会表现为对任何事都不上心，整天混日子。

花时间给自己找借口，不愿意承担责任，不去努力改正的人，只能眼看着成功离自己越来越远。所以不要试图逃避自己应当承担的责任，要勇敢去面对，抓紧一切时间去行动。

工作中没有借口，生活中没有借口，失败中没有借口，而成功中更没有借口，一切成功皆有赖于马上行动。

无论是工作、学习抑或生活，我们都想把事情做好，在相应的时间里实现最大的效益。而只有"马上行动"和"立即开始"才会让这一切变成现实。借口只会让人精神懈怠，造成拖延，最终一事无成，所以对借口要毫不理睬，节约每一分钟，想好就开始行动！

没有如果，只有如何

你是不是经常会把这样的口头禅挂嘴边——

"如果当初去另一家公司就好了，那边的薪资待遇比这里好多了！"

"如果我早点开始做这件事,现在就不用熬得眼皮都睁不开了。"

"如果我有一个通情达理的上司,我会比现在发展得好得多。"

……

不被打断的话,我们还能说出更多类似的"心愿",恨不得一切都重新来过。可惜,这只是无可奈何的叹息和不切实际的空想,沉浸在这样的幻想里,用这样的借口安慰自己,不会让现状有任何的改变,只会让意志更消沉,让问题积压得更多,让行为变得更拖拉。

美国的一位推销大师在给学员做培训时,总是会给出这样的忠告:做一个只想"如何"的人,不要做一个只想"如果"的人。如何与如果,看似不过是一字之差,实则有天壤之别。

他解释说:"想'如果'的人,只是难过地追悔一个困难或一次挫折,悔恨地对自己说:'如果我没有做这或做那……如果当时的环境不一样的话……如果别人不这样不公平地对待我的话……'就这样从一个不妥当的解释或推理转到另外一个,一圈又一圈地打着转,终是于事无补。不幸的是,世上有不少这样只想'如果'的失败的人。

"考虑'如何'的人在麻烦甚至于灾难降临时,不浪费精力追悔过去,他总是立刻找寻最佳的解决办法,因为他知道总会有办法的。他问自己:'我如何能利用这次挫折而有

第四章　从现在开始，甩掉拖延

所创造？我如何能从这种状况中得出些好结果来？我如何能再从头干起，重整旗鼓？'他不想'如果'，而只考虑'如何'。这就是我们教给推销员的成功程式。"

这番话，把拖延症患者的问题剖析得淋漓尽致。他们总在用借口拖延解决问题的速度，而不是选择承担，积极地思考，想着"如何"去实现目标。

经常会听到有人说："我要是再年轻一点，也会尝试到其他领域发展。"

年龄真的是门槛吗？曾经，一个65岁的老人创办了一家餐厅，结果他把炸鸡卖到了全世界，这个老人就是哈兰德·大卫·桑德斯，他的餐厅就是肯德基；英特尔第四任总裁克雷格·巴雷特，也不是年纪轻轻就荣登这个高管的位子，他接管公司的时候已经接近60岁了。对有心想做成一件事的人来说，任何时候开始都不算太晚。

还有人抱怨说："我不是不想改变，只是我学历不高，这是硬伤。"

学历真的是限制吗？一个出身贫穷的人，从小没上过学，到了15岁那年才花了40美元在福尔索姆商业学院克利夫兰分校就读三个月，这是他一生中接受的唯一一次正规的商业培训，但这并未阻挡他拥有一片大好的前程。这个穷孩子，在多年后成了有名的石油大亨，他就是洛克菲勒。

"如果"二字，其实就是借口的化身，它是一个无底洞，会吞噬积极的心态和行为。借口会让人忘记责任、忘记上进，变得毫无斗志、胆小怯懦、无限拖延。把时间浪费在不断重复"如果"上，倒不如多想想"如何"去提升自己，改变现状，然后投入行动中。

放下压力，直面拖延

相信很多拖延者都有这样的感触：虽然已经拖延了一段时间，但是手头的工作还是不得不做，因为如果不做的话，就有可能被老板炒鱿鱼，于是还是硬着头皮、顶着压力工作……其实，这些陷在拖延与高压中的年轻白领不在少数，为了薪水、升职、面子，他们承受了巨大的压力。未进入中年时，已经显得老态龙钟甚至身体开始敲起警钟。可能我们也曾对自己因为拖延而陷入困境中产生悔恨之意，然而，下一次我们还是会陷入这种泥潭中，久而久之，我们对压力的存在也就习以为常了。

我们已经深知一点，工作中压力的产生，很大程度上是由拖延造成的，而造成拖延的原因有很多，此处不一一列举了。不过，如何卸下压力却十分重要，任何一个人，长期处于高压下，最终都会被压垮。

你可以采取以下几种方式减压：

1.倾诉

当你心中充满苦闷、烦恼、抑郁等消极情绪却无所适从时，可以向父母、同事、知心朋友尽情倾诉，发发牢骚，吐吐委屈。这样使消极情绪发泄出来后，精神就会放松，心中的不平之感也会渐渐消除。

2.想哭就哭

医学心理学家认为，哭能缓解压力。心理学家曾给一些成年人测量血压，然后按正常血压和高血压分成两组，分别询问他们是否哭泣过，结果87%的血压正常的人都说他们偶尔有过哭泣，而那些高血压患者却大多数回答说从不流泪。由此看来，让情感抒发出来要比深深埋在心里有益得多。

3.忙里偷闲，放松心情

当你意识到自己要放松，但无论如何都很难做到、浑身紧张的时候，就应该学着忙里偷闲放松心情，给自己制造一个放松的空间。

另外，从以下几个方面努力，你还能变压力为动力：

1.找到立即行动的原动力——一个有价值的目标

一些人总是拖延、觉得人生无望，就是因为他们找不到立即执行的原动力。有目标的人绝不会陷入迷茫中。当然，在树立目标的过程中，你的自我期望要建立在符合自己的实际情况、切实可行的基础之上。任何一个人都应该有自己的理想和志向，但这种理想和志向不能是高不可攀的，也不应当是唾手可得的，而应该是通过一定的努力，可以实现的适宜的目标，还应该符合个人的个性特点和实际能力水平。

当一个人总是带着明确的目标工作时，他还会总是寻找借口拖延吗？

2.转换心态，变压力为动力

同样是压力，有些人会觉得被压得喘不过气来，有些人却能将压力踩在脚下。其实，压力的存在也能锻炼个人的能力，关键看我们是怎样的心态。

美国麻省的埃莫斯特学院曾做过这样一个很有趣的试验，发表在1914年9月的《科技新时代》杂志中。

他们找来了一个南瓜，然后在南瓜的周围拴上了很多铁圈，目的是把南瓜整个箍住，以此来勘测南瓜能承受多大的外界压力。

刚开始时，他们对南瓜承受力的估算是500磅左右。而这一估算在第一个月就已经被打破了，到了第二个月，南瓜承受了1500磅的压力。而当它承受的压力达到2000磅时，研究人员就必须把铁圈捆得更牢了，否则南瓜就会将铁圈撑断。最后，整个南瓜承受的压力超过5000磅时，瓜皮才破裂。

然而当他们打开南瓜后发现，南瓜已经不能吃了，因为在试图突破铁圈包围的过程中，它的果肉已经变成了坚韧牢固的纤维。为了吸收足够的养分以突围，它的根须延展到了整个培植园。

在压力面前，植物为了生存，会让自己变得更强，其实人也一样，唯有压力才会使得我们不断改变自己，充实自己，使自己强大起来。

3.提升能力，疏解压力

很多时候，拖延的原因是因为任务的难度大，此时，我们感受到了巨大的压力。要解决这个问题，就需要我们懂得提升自身能力，方法有很多，比如自学、参加培训等，当你拥有了处理问题的能力后，压力自然也就疏解了。

4.集思广益，众人拾柴火焰高

成功学大师拿破仑·希尔曾认为，集思广益是人类最了不起的能力，不但可以创造奇迹，开辟前所未有的新天地，还能激发人类的最大潜能。所以，面对工作中的难题，千万不要一个人扛下来，面对心理压力，你也可以寻求他人的心理帮助。

每个人在不同时期都存在不同的心理压力。有的人主动向别人倾诉，寻求排解，这是很多人选择的排解方式；而有相当一部分人内心的苦痛不轻易示人，自己烦、闷、气，时间长了形成心结，心结多了就形成心理疾患。你的委屈、憋闷可以讲给你所信任的人听，他可以倾听、规劝、开导你，有时可直接帮助你。哪怕痛哭一场，你的心理压力也会减轻很多。此时一个痛苦变成了半个痛苦，或者你就得到了解决问题的办法。

5.平衡工作和生活，别把压力带回家

工作是工作，生活是生活，把工作中的压力带回家，不仅让你自己得不到休息，你的家人也是如此。聪明的人在回家之后，从不会思索工作中的烦心事。

6.合理分配时间，劳逸结合

你应该合理分配工作、学习、休息的时间，做到劳逸结合，把握好工作和生活的节奏。

总之，面对因拖延而产生的压力，我们不必抱怨压力太大，压得自己喘不过气来，也不必逃避。其实，有压力，才有动力。压力带给我们的不仅仅是痛苦和沉重，还能激发我们的潜能和内在激情，让我们的潜能得以开发。因此，面对压力，我们最好采取一些化解的方法，这样，我们的意志力和自控力也会被调动起来，不但能变压力为动力，提升我们自身的能力，还能逐步解除拖延心理。

离开安全区，才有新成就

瀑布从万丈悬崖上奔泻而下，如同一匹华丽的锦缎，美丽而又奢华。可是，当人们攀登上悬崖的时候，却发现上面不过是一条缓慢流动的小河。它一路平稳地走来，汇聚点点滴滴的泉水，舒适而又宁静。假如它没有离开这个平稳的舒适区，没有跨越那一步，冲下悬崖，那么就只能在群山之间默默地流淌。正因为小河勇敢地跨出了第一步，才有了让人惊叹的瀑布。人生很多时候也是这样，我们越早离开所谓的舒适区，人生才会越早成功，我们也会越早实现人生价值。

假如一个人习惯了舒适的环境，习惯了安逸，做事之前总是瞻前顾后,不敢跨出第一步,那么成功又从何谈起,人生价值又怎么能够快速实现呢?在生活和工作中,每一个伟大的成就都是从告别安逸、挑战现实开始的,在此基础上慢慢地建立信心,最终让自己的人生更快地跨越到一个新的高度。

琼斯大学毕业后非常幸运地进入一家报社,担任名人专访版面记者。有一天,他的上司交给他一项任务——采访当地非常有名气的大法官布兰代斯。这是琼斯第一次接到这么重要的任务,他并没有惊喜,反而一脸的愁容,因为他之前已经习惯了安逸,这次外出采访的任务使他面临巨大的挑战。琼斯想:自己任职的这个报社又不是什么一流大报社,而且自己也仅仅是一个刚刚进入报社不久的小记者,没有什么经验,也没有一丁点儿的名气,名声显赫的大法官怎么会接受自己的采访呢?

琼斯把自己的苦恼告诉了同事埃文斯,埃文斯听了之后拍了拍他的肩膀,说:"我很理解你现在的苦恼,现在的你就像生长在温室中的花朵,习惯了温煦的阳光。一旦将你移植到温室外,假如你不立即改变,勇敢地挑战自己,那么你就会被无情的风雨摧毁。其实对你而言,最简单有效的方法就是立即离开温室,往外迈出第一步,左脚迈出去了,右脚自然会跟着迈出去。只要你跨出第一步,那么在之后的时间里,你就会变得自信,一切都会变得容易。"

埃文斯拿起琼斯桌子上的电话,拨打布兰代斯的办公室电话，很快就和大法官的秘书取得了联系。接下来，埃文斯直截了当地说明了他的意图："我是记者琼斯，我奉命采访大法官，不知道他今天能不能见我？"一边的琼斯听了这样的话吓了一跳。

埃文斯一边接听电话，一边冲着琼斯做鬼脸。接着琼斯听到了埃文斯的答话："谢谢你，明天下午两点半我准时到。"埃文斯放下电话，对琼斯说："你看，只要你把自己的意图告诉别人，就成功了。明天下午两点半，你的采访定好了。"

多年之后，当年习惯安逸而不敢迈出第一步的琼斯已经成为了报社的骨干，每次回想起此事，他仍然觉得刻骨铭心："从那个时候起，我就学会了告别安逸，用最快的速度迈出自己的左脚，我知道左脚迈出去了，右脚自然会跟上来。那么我的人生也就掌握了更多的时间资源，变得更加高效，距离成功也就更近了。而且第一次做出了这种选择，离开安逸舒适的环境，勇敢地挑战自我，那么下一次就容易多了。"

在我们的人生中，只要我们善于走出舒适区，勇于迈出第一步，那么我们就会成为时间宝藏的继承者。很多时候，当我们勇敢地迈出左脚，也就意味着我们已经走上了通往成功大门的道路。有些事情其实并不像我们想象的那么难，而是我们习惯了舒适，丧失了改变的勇气，只要我们跨出了自己的左脚，那么一切都会变得非常容易。

第四章 从现在开始，甩掉拖延

迈出你的左脚，走出舒适区，一切自然也就变得与众不同了，当一个人习惯了这样不断地向前，成功自然也就实现了。很多时候，人生的成功就是重复做简单的事情，和走路非常相似。我们迈出左脚，右脚相随，不断地重复，那么目标就会距离我们越来越近。

梁丽在一家粤菜馆工作已经三年了，刚来时她是从最底层的服务员开始做起的。这几年因为她踏实肯干，又善于和客户打交道，现在已经被提拔为大堂经理了。老板对她十分满意，平日里各项事务都少不了她这个得力助手的帮忙。

不过最近一个月以来，梁丽的表现却跟以前大不相同，以前风风火火的她，最近开始变得忧心忡忡的。

事情的起因还得从一个月以前说起，粤菜馆的老板年事已高，再加上子女都不在身边，于是就有了退休的打算，准备去子女身边好好安享晚年。一天，老板找到梁丽，跟她说起这事，其实也是有意提拔她当店长。

梁丽刚听到这个消息的时候又惊又喜，可高兴了没有多久，她的眉头就开始皱起来了，并请求老板收回成命。

老板很是诧异，于是就向她询问原因。梁丽这才敞开心扉：一直以来，梁丽对于大堂经理的职位很满意，她只需要处理大堂里的事务即可，处理不了的，就跟老板汇报，让老板来定夺。她已经习惯了这样的工作模式，这种状态也让她感到安全和放松。但是当了店长后，就要为一切事务负责，身上的责任大了太多，这种压力感让梁丽觉得十分焦虑。

所以从那之后，这一个月以来，梁丽的工作就开始拖拉起来，不像以前那样积极热情了，还有意无意地躲避着老板。其实，她这么做就是在逃避升职这件事，希望以此来维持现状。

在人生中，假如你不肯快速地离开舒适区，跨出前进的第一步，那么你只好用一生的蹉跎和等待去面对失败。这个道理看似简单，但是做起来却非常难。很多时候，越是简单的事情做起来越是困难，用心做好简单的事情，也就成功了一半。

人生的舒适区虽然能够让我们暂时获得温馨、愉悦、安逸等情感上的享受和慰藉，但是却会慢慢消磨我们的决心和勇气，阻碍我们继续前行的脚步。智慧的人会尽早离开自己的人生舒适区，因为他们知道时间不等人，人一旦适应了安逸，就意味着失去了斗志和勇气，最终会将人生宝贵的时间资源浪费掉。

好心情意味着高效率

做一件事情时，心情的好坏对事情有影响吗？答案是肯定的。心情和事情，同样都有一个"情"字，单从字面就可以看出，做事好坏，一半由"情"，也就是心情决定。心情对于一个人来说，有着决定身处天堂还是地狱的重要作用。

第四章　从现在开始，甩掉拖延

　　回想一下，你在做事情时，大多时候心情是好还是坏？心情好和坏，对事情的顺利程度有没有影响？如果你仔细回忆，那么一定会得出肯定的答案。虽然我们常说"不要带着情绪做事情"，但人本就是情感的动物，并且有很好的记忆力，上一件事造就的心情，不管是好是坏，都会在一定程度上延续到下面你要做的事情中去，即使是情绪管理得特别好的人，也难保一点情绪都不会带。

　　我们带着情绪做事，并非全是坏处。如果你上一秒经历了好事，比如出色的表现受到了上级的表扬，心爱的人给你打来了温情的电话，或者发现原本难办的事情有了解决办法……这些好事会让你的心情瞬间变得美丽，而好心情则能让你精神抖擞，全身充满力量。这时不管去做什么事情，都会效率高、质量好，这无形中就会为你节省很多时间。而反过来，如果你的心情刚刚被不好的事情破坏，例如和爱人吵了架，孩子生病住了院，上级因为一个小错误严肃批评了你……即使你是一个非常会排解坏情绪的人，也很难完全将不高兴的因素从自己脑海中剔除出去。你在接下来的工作中，一定会想到刚才的坏事，也一定会胸中郁闷、心中烦恼。在这样的心理状态下，你自然看什么都不顺眼，做什么事都没有耐心，当然就效率低下，而犯错率也会上升。一件事情要想做好，花的时间自然要多上两倍甚至以上。

　　既然心情影响做事是不可避免的，那么如何让坏心情的影响降到最低呢？几个小技巧可以为我们所用。首先，当我们在遇到或听到坏事之后，要立刻投入工作或者处理重要的事情，那么最先要做的就是在心里告诉自己三遍："坏事不可避免，往最好的地方想，庆幸事情没有变到最坏；坏事不能延续到下面的事情，否则损失更大；坏事是经验，我以后就不会再犯。"这三点一定要静心想，说服自己，将坏事对心情的影响降低。接着走到窗户前或者视野宽阔的地方，深呼吸几次，把坏事带来的毒素从身体中尽量排除出去。最后强迫自己暂时忘掉坏事，把重要的事情摆到自己面前，让自己在紧张中把坏事放到一边。认真地做这三步，坏事对你的影响可降到最低，从而把一件事做好的时间压缩到最短。

周五下午，忙了整整一周的冯真真向男友诉苦，说自己这一周做了差不多平时两周的工作，可累坏了，说完后又撒娇地问男友周末给自己安排什么节目放松。男友宠溺地说："周六好好睡觉，周日我带你去新开的植物园一日游，呼吸那里的新鲜空气，赏赏树木花草，顺便在草地上野餐。"冯真真一听立刻高兴得满口答应。

周日这天，两人玩得非常开心，吃了美食，赏了风景，还说了很多甜蜜的情话。虽然中途老板打来电话，说周一要处理一个特别重要的单子，做好加班的准备，但这丝毫没有影响冯真真的好心情，她像小鸟一样愉快地度过了这一天。

晚上回家的路上，男友开车，冯真真拿他的手机看当天拍的照片，这时收到一条短信："亲爱的，回家了吗？谢谢你昨天带我去玩，好开心！爱你！"冯真真一看，肺都要气炸了，质问男友是谁。男友支支吾吾回答不上来，她更加气愤，拿起包就下了车，拦了一辆出租车回家了。晚上男友给她打了十几通电话，她一个都不接，男友发短信解释，说自己不认识那人，她也不信。

这天晚上，冯真真带着一肚子怒气入睡，睡着后也是噩梦连连。第二天早上，为了不耽误工作，冯真真到公司后就关了手机，准备安心工作。但是，昨天的短信不断地出现在她的脑海里，她越想越气，订单内容、合同细则虽然在眼前放了很久，但她一个字都看不进去，满脑子都在恨自己的男友，还计划着再见面怎样骂他，最好再给他两个重重的耳光。

下午的时候，老板过来跟冯真真要合同和订单，打算检查后寄出去。冯真真知道自己没有好好核对、修改，心虚得很，在座位上一边诅咒男友，一边等着老板过来骂自己。果然，10分钟后，老板怒气冲冲地走过来，把订单和合同摔在冯真真面前，破口大骂了几句，大意是"本公司有史以来最重要的业务就让你这样糟蹋"，冯真真心里有恨，还有莫大的委屈，哇地大哭了起来。老板见状哭笑不得，立刻让她收拾东西走人了。

冯真真拖着一个空壳回到家，男友正在家门口等自己，一见到她，就找出昨天发短信的号码，打过去后开了免提。那边是一个50来岁的女人的声音，她很不好意思地说："小姑娘，对不起啊，我前几天和老公吵架，把他的电话删除了。前天他带我逛了一天商场，我气消了，昨天给他发短信的时候，不小心把号码输错了。你别误会啊……"

冯真真听完，心里又是委屈又是懊恼，还有丢了工作的伤心，又大哭了一场。

这样的事例，其实在生活中并不少见。很多时候我们因为种种原因生气，耽误了工作，或者在工作上犯了大错，最后闹到要离开公司，重新寻找下家，浪费了很多时间。可见，生气是魔鬼，会让你失去理智。工作的时候，不要带任何情绪，尤其是怒气。

无论你在生命中经历了什么，当你面对一件大事、正事的时候，要将一切杂念、怨念都抛开。你要告诉自己，坏事已经发生，做好眼前的事情，就等于弥补了坏事；若是连这件事也变坏，生活就会又多一条枷锁。

第五章

摆脱惰性，勤劳才能战胜拖延

失败的根源——懒惰

说到懒，很多人不以为然，总觉得不过是习惯上的小毛病，出不了什么大乱子。懒的结果不外乎就是，房间乱了点儿，衣服脏了点儿，人邋遢了点儿，做事拖了点儿……偶尔咬咬牙，也能变勤快。

不可否认，懒惰是人的天性，任何人身上都不可避免地存在惰性，只不过有的人自控力强，有的人自控力弱。但有一点我们必须清楚，懒惰是本能，却不可小觑，一旦丧失了自控力，让懒惰和拖延跑到一起，有些结果可能超出你的预料。

罗威从军校毕业后，分配到某看守所做狱警。他不喜欢这份工作，内心充满了怨愤，态度也很消极，能不做的事情就不做，领导没安排的任务他也不会主动承担，就算是安排到自己头上的工作，也是拖着做。

某个周末，犯人赵某的妻子来探监，她告诉赵某，他们的女儿出车祸去世了。赵某情绪波动很大，监狱长让罗威尽快找时间跟赵某谈谈，疏导他的情绪，以防发生意外。罗威没当回事，因为各种琐事拖着没办。一周之后，当他想起这码事，来到重刑监区准备找赵某谈谈时，才得知赵某在两天前自杀了。

你能想象得到，就因为懒惰拖延，会让一个生命突然消逝吗？或许，多数人都不曾意识到，当懒惰这一恶习蔓延开时，我们会不分轻重地拖延，总是心存侥幸地认为没事，却忘了有多少意外都是因为疏忽大意酿成的。

英国圣公会牧师罗伯特·伯顿，同时是一位学者和作家，他在《忧郁的解剖》中写道："懒惰是极为严重的坏习惯，再聪明的人，如果有懒惰的恶习，都是非常不幸的，他最终会被懒惰打倒，成为制造恶行的人。懒惰控制着他的思想，在他的心中劳动和勤劳是没有一席之地的。此时他的心灵就像是垃圾场，那些邪恶的、肮脏的想法，会像各种寄生虫和细菌一样疯狂地生长，让他的心灵和思想变得邪恶。"伯顿还总结说："不管是男人还是女人，如果让懒惰控制了内心，那么他们的欲望将永远不能得到满足。"

是的，懒惰的杀伤力和覆盖面，远远超乎我们的想象。

懒惰的人，对工作不可能富有激情，更谈不上责任心，只会得过且过、混一天算一天。

懒惰的人，在人际关系上也是一塌糊涂，明明是自己的问题，却要拉着别人一起来承担。任何关系如果无法建立在互惠的基础上，都是难以长久的。当你的懒惰变成了自己和他人的绊脚石，还有谁愿意与你同行？

懒惰的人，在感情路上也会屡屡受挫。爱情也好，婚姻也罢，都是需要用心经营的，你习惯性地犯懒，把所有的家务和压力都置于对方的身上，再好的感情也会被压垮，再乐意付出的人也会失落，付出总是需要得到一些回报，才有勇气坚持。

曾有人问一位在寺庙修行的僧人："为什么你们念佛时要敲木鱼呢？"

僧人回答说："名义是在敲鱼，实则是在敲人。"

那人不解，追问道："为什么是鱼而不是其他动物呢？"

僧人大笑，答："鱼是世界上最勤快的动物，它每天游过来游过去，眼睛则是一天到晚都要睁着，连这么勤快的鱼都要这样时时敲打，更何况是懒惰的人呢？"

生活中的很多灾难，不是别人酿造的，也不是老天刻意地为难，而是自身的惰性习惯导致，也就是懒得做任何改变。要战胜拖延，就得先从心理和行动上克服懒惰。如果懒惰的习惯一直存在，人就会处于一种空想的状态，做什么事都会觉得"懒得动"。

从现在开始，不要再把懒惰当成小事，当你放任了它的随意，它就会在你的身体和思想中扎根。懒惰的人还有希望改变，知而不行的人则是无可救药。记住歌德说的话："我们的本性趋向于懒怠，但只要我们的心向着活动，并时常激励它，就能在这种活动中感受到真正的喜悦。"

成功源于坚持

在生活中，大概每个人都有这样的经历：我们买好了很多种食材，准备熬一锅鲜美的汤，然而一锅汤往往需要熬好几个小时。这期间，我们因为耐不住寂寞，提前结束了熬汤的过程。很明显，这锅汤是欠火候的，我们为此懊悔不已。其实，何止是熬汤？我们做很多事的时候，都会因为克服不了浮躁之气而最终失败。艾森豪威尔说："在这个世界，没有什么比坚持对成功的意义更大。"的确，世界上的事情就是这样，成功需要坚持。雄伟壮观的金字塔的建成正是因为它凝结了无数人汗水的结晶；一个跑步运动员要取得冠军，前提就是必须坚持到最后，冲刺到最后一瞬。如果有丝毫的松懈，就会前功尽弃，因为裁判并不以运动起跑时的速度来判定他的成绩和名次。

现实生活中，我们不少人，无论是在工作还是在学习甚至是在个人的兴趣爱好上，通常都有一个缺点，那就是三分钟热度，做不到持续，而三分钟热度的一个主要内在原因就是惰性，人们的注意力很容易被其他事影响，而这正是很多人始终不能有所成就的原因。伊格诺蒂乌斯·劳拉有一句名言："一次做好一件事情的人比同时涉猎多个领域的人要好得多。"托马斯·爱迪生曾说过："成功中天分所占的比例不过只有1%，剩下的99%都是勤奋和汗水。"的确，在太多的领域内都付出努力，我们难免会分散精力，阻碍进步，最终一无所成。也就是说，我们每个人，只有专心致志于一行一业，不腻烦、不焦躁，埋头苦干，不屈服于任何困难，坚持不懈，才能有所成就。只要你坚持这样做，就能造就优秀的自己。

诺贝尔奖获得者巴斯德曾豪迈地宣称："告诉你达到目标的奥秘吧，我唯一的力量就是我的坚持精神。"需要持之以恒的原因在于，世上凡是有价值的事情通常都是有一定难度的，不可能一蹴而就，因此只有持之以恒才能完成。

李明峰为了缓解家庭经济紧张的状况，让家人过上好日子，于是就怀揣着五千元钱来到北京打工。与他同一批进城的，还有他的五位同村人。然而在城市打工并没有他们想象中的那么容易，尤其是他们学历不高、能力不足，又不善于交际。为了改变这一现状，李明峰开动脑筋，整天观察市场，看看能否找到其他出路。经过一段时间的观察后，他发现在人才市场上，很多雇主为了省事，常会选择那些较为完善的装修队伍。李明峰突然想到，他们六个人也可以组建一支装修队。

征得其他五人的同意后，装修队便建立起来了。此时的他们并没有丰富的装修经验，但李明峰认为这不是问题，因为他可以每天挤出时间来学习装修方面的知识，同时他还报名参加了夜校。在起步阶段，李明峰几人确实因为业务不娴熟而遭到过雇主的责备，但李明峰一直没有放弃，始终坚持学习，每天都将时间和精力利用起来，一点点地学习，一点点地进步。半年后，这支装修队对业务已经足够娴熟了，足以媲美那些专业的装修队。但由经验不足到最终成功的日子是漫长而曲折的，六人团队中有一个人熬不住，选择了离开。

由于专注和投入，将全部的精力都用在了学习装修知识和技能上，李明峰很快便掌握了装修的流程以及细节。通过所学的知识，李明峰还接到了一批合同金额巨大的项目，这支团队也因此而迎来了发展的机遇，不断地招聘新人加入，队伍更是逐渐壮大。到了年底，李明峰成立了一家装修公司。该公司目前发展极为顺利，年收益达到数百万，且仍以令人吃惊的速度在快速发展。

正是基于专注，个人的能力才得以一步步地提升，业绩才得以一点点地提高，事业也因此而迎来曙光。像李明峰这样懂得脚踏实地，懂得将精力和专注结合起来，每天进步一点点，看似步伐很慢，然而时间一久，你就会发现，他竟然已经走到了前面很远很远的地方。

任何人都有热情，不同的是，有的人只能坚持30分钟的热情，有的人的热情可以保持30天，而一个成功者可以让热情保持30年乃至终生。热情可以激发出我们的潜能，让我们发挥出自身的活力，让我们笑迎挫折，最终走向成功。

相反，那些对奋斗目标用心不专、左右摇摆的人，对琐碎的工作总是寻找借口，懈怠逃避，他们注定是要失败的。如果我们将正在做的工作看成是不可回避的事情，我们就能带着轻松愉快的心情，快速地将它做完。瑞典的查尔斯九世在年轻的时候，就对意志的力量抱有坚定的信念。每当他的小儿子遇到什么难办的事情，他总是摸着小儿子的头，大声说："应该让他去做，应该让他去做。"和其他习惯的养成一样，随着时间的消逝，勤勉用功的习惯就会养成。即使是一个普通的人，只要他肯在某一特定的时间内，将自己的身心和不屈不挠地精神投入到某一项工作中，他就会取得巨大的成就。

重复创造成功，而重复是枯燥的，枯燥的事情是使人烦躁的。伟业就是建筑在枯燥的基础上。人在做一件事情的时候，会出现一个临界点，在这个时期内是很无聊的，很多人也都是在这个时候放弃的，这样的人是不会成功的。胜利的人只属于那些坚持走下去的人。

那么，你是不是厌倦了每天两点一线的生活？你是不是希望能有一个成功的机会？你是不是认为自己做事有三分钟热度的毛病？从现在起，对待生活和工作中的任何事，你都要做到坚持。你首先要做到的就是把自己手边的每一件具体的事做好。做什么事情都要干劲十足，自己创造机会、把握机会。

那么，我们应该如何保持不变的热情呢？

1.做事时理清目标

在这里，你需要明确的是：我该准备些什么，我该怎么去完成，完成后我能得到什么。当你理清这些思路并制订一个逐步实施的计划后，你会发现，你在保持做事热情上有较明显的提高。

2.强化自己的动机

你要确定自己做一件事的目的，也就是动机，从内心感觉到你所做的事情是有意义的，对自己和别人都是很有价值的。然后你要不断地强化自己的动机，让别人感觉到你是很有热情的，逐渐愿意加强与你的接触。

被窝是勤奋的坟墓

作为年轻一代的我们，如果和父母生活在一起，对比之下，会不会发现自己和父母的睡眠有"时差"？父母那一代人能晚上10点睡觉、早上6点起床，而我们却常常凌晨一两点才睡，早上10点钟才起床。往往一上午的时间，父母已经做了很多事情，而我们却在睡眠中度过。

现在的很多年轻人都有早上赖床的毛病，具体表现在：如果早上8点钟要出门上班，那一定会睡到7点50分，10分钟洗漱换衣服就出门了；如果是休息日，就恨不得睡到该吃午饭时才起床。

有人也许会问，虽然晚睡晚起，但我的睡眠时间也是七八个小时，并没有贪睡太久啊，所以对我的工作和生活也没什么影响。情况真的如此吗？据调查，很多年轻人睡得晚，其中占比较高的人晚上是在看影视剧，玩游戏，或者刷微博，和朋友聊天，即使有加班的情况，也是偶尔，并不是常事。这样，晚上的四五个小时就在没什么意义的事情中度过了。而那些早睡早起的人，除了能吃一顿有营养的早餐，还能在早上看会儿书，制订一下当天的计划，或者稍微做一点儿家务。这比那些爬起来就出门，没时间吃早饭，连被子都来不及叠的人不知好了多少倍，更不要提能看会儿书了。

你也许会有不一样的想法：晚上看书，和早上看书不一样吗？区别在于是否喜欢看书，而不是时间的问题。那么，试想如下场景：白天在公司忙碌了一整天，晚上挤公交或地铁回到家，身心都很疲惫，是想拿着一本书费脑筋呢？还是想洗个澡，抱着一杯热牛奶看看电视、上上网？想必大多数人的选择会是后者，但是早上就不一样了。当你伴随着小鸟的叫声，在6点钟左右就起床时，你会感觉到精神和晚睡晚起时完全不一样，你更有兴趣到外面走一走，呼吸一下新鲜空气，也更容易把清醒的脑子投入到学习或者阅读中去。这与你在快迟到时才起床，睡眼惺忪地往公交站跑肯定不一样。那时还没睡醒的你，怎么有精神看书呢？而早睡早起，你的精神因为睡眠时间充足而饱满，看书自然不成问题，大脑先缓缓转动起来，到工作时投入状态会更快。再者，劳累一天后回家，肯定不想背英语单词，早上却是一个学习的好时机。每天学一点儿，几个月后你就会发现自己有很大的进步。

另外，每个上班族都知道，早上赖床不只会影响自己业余时间的学习，还会在某种程度上影响工作。

孙泽自从上了初中，就经常后半夜才睡觉。初中时他的零用钱比原来多了一点儿，人也长大了一些，经常和同学一起买书，买小游戏机。买回来后，他就会熬夜看书、玩游戏。过一段时间还会和同学交流自己的进度，比谁打游戏更厉害。

到了大学，孙泽更加自由了，他隔三岔五就和同学到外面网吧玩通宵，或者叫几个朋友去KTV唱歌，一唱就唱到后半夜。因为大学课程比较少，孙泽偶尔也会逃课，所以早上他想睡到几点就睡到几点。发展到后来，孙泽已经不再去上上午的课了，他总是睡到11点，直接去食堂吃饭，然后去上下午的课。就这样，孙泽在大学四年的时间里，把自己的生物钟慢慢固定成了后半夜睡觉、中午起床。

转眼就大学毕业了。找工作时，孙泽无比希望自己能找到一个下午上班、半夜下班的工作，好让自己早上能睡懒觉。但是，工作不会配合孙泽的时间，即使一些服务行业的工作有这样的上班时间，也是实行倒班制度的，迟早还是要早起。

找了两个月，孙泽才在一家商场的业务部找到一份内勤的工作。没有经验的他，初期主要是跟着有经验的同事学习,跑跑腿、打打杂等。孙泽倒是不嫌弃工作内容,他明白工作总要有一个过程,但是过了没多久,这份工作就开始"嫌弃"他了。

因为孙泽的生物钟一时调整不过来,所以上班经常迟到。公司有规定,迟到一次不会惩罚,如果不吸取教训再次迟到,从第二次开始每次罚款50元。孙泽第一个月总共上班22天,竟然迟到了13天,一共要罚600元。他试用期那1500元的工资,最后只拿到900元。有一次,公司要在下班时开个会,对本周表现最出色的员工给予表扬和物质上的奖励。前一天晚上,主任把钱给了孙泽,告诉他上午到商场买奖励品,中午赶到公司。主任怕他误事,一再叮嘱他不能晚,孙泽满口答应。

第二天早上,孙泽听到闹钟响,关了之后,闭着眼睛痛苦地想:才7点半,商场9点开门,我再睡会儿。谁知这一睡,就睡到了11点半。孙泽又急又恼,连脸都没来得及洗,穿上衣服就打车来到了商场。可主任吩咐买的东西不好找,孙泽在商场转了半天也没找到,只好又跑到另外一个商场。等孙泽好不容易买完的时候,已经是下午4点半了,还有半个小时会议就要开始。他打车往公司赶,谁知当天堵车严重,原本20分钟能到的路程,走了50分钟才到。孙泽知道自己误了事,连连给主任道歉。主任没有当场发作,但第二天,就把孙泽叫到办公室,委婉地让他辞职。

如果你是学生,认为熬夜、赖床也就是影响考卷上的几分，那么当你走上社会，做了一名职员，你就会知道，晚起的鸟儿不但没有虫子可吃，还有可能被猎人盯上。

古语一直有"一日之计在于晨"的说法，不管经过多少个时代，这句话都会是真谛。日出而耕，日落而息，人类的智慧告诉我们，晚上就该休息，白天就该做事。所以，遵循身体规律，早睡早起，你一定会觉得好像多出了很多时间和力气。

没有任何勤劳是多余的

生活中，你是不是经常遇到这样的情况：上班时间，突然来了一个同事的快递，同事不在，你签还是不签？公司来了贵客，负责冲咖啡的同事出去了，你会代劳吗？朋友最近经济状况出了点儿问题，他并没有找你借钱，你帮还是不帮？看到会议室的材料掉在地上，你捡还是不捡？诸如此类的本职工作之外的事随时都有可能发生，你做还是不做？

可能很多人会这样回答：当然不做，既然是额外的事，何必多此一举？的确，在我们工作的周围，一些懒惰的人不仅表现出对自己的工作拖拉马虎，他们更十分"聪明"，害怕多做任何一点儿额外的工作。但事实告诉我们，那些被老板提拔的人都有个共同的特点：他们对工作始终充满着夏天般的热情，只要有闲暇时间，就不会对别人说"不"。那些人缘好、处处受人欢迎的人，总是对他人仗义相助。那些成功人士，大都因为机缘巧合而得到贵人相助。其实，无论是在职场还是在整个人际关系中，多做些事都不吃亏，因为你可能会因此得到额外的收获。

我们先来看下面一个故事：

曾经有一个叫乔治·波特年轻人，他在一家小旅馆当服务员，一直勤勤恳恳地工作。

这天晚上，一对老夫妇来开房间，但旅馆房间已经没有了，这下，老夫妇犯难了，因为他们真的没有地方去了。怎么办呢？

乔治很爽快地说，让老夫妇睡自己的房间，正好自己要值班。然后，他将自己房间的床单和被褥都换了，自己则趴在柜台上睡了一夜。

第二天，老夫妇看到这种情景很感动，认为这个青年人很善良。

乔治做梦都没有想到这对老夫妇中的老先生就是希尔顿饭店的老板威廉·阿斯特，而且他们没有子女，于是他成了希尔顿家族的接班人。

乔治·波特居然能从一名旅店服务员跻身上流社会，与威廉·阿斯特的带领和引荐不无关系。最后他成为希尔顿饭店的接班人，这当然是机缘巧合，但却告诉我们一个道理，职场工作中，我们若想得到"分外"的回报，就不要总是置身事外，就要多做一些"分外"事。

不得不说，我们的工作环境中，不少人都认为做额外的事会吃亏，也没有多做事的意识。殊不知，作为一名员工，只要是与企业利益相关的，无论是分内还是分外的事，都应该尽力做好。

事实上，聪明的职场人，从不介意多做事，因为他们深知为他人、为企业多做一些事，有时候既是举手之劳，又能为自己赢得更多的支持。当然，在某些情况下，我们简单的一句慰问和关心都能有此效用。

陈灵在一家外企上班，负责采购工作。

有一次，公司采购部的车发生了故障，而总经理的专用车司机刘师傅刚好驾着车在附近，本着都是公司的员工，于是刘师傅打算送她一程，而她则是第一次坐上了刘师傅开的轿车。

当时正好遇上交通堵塞，陈灵因为赶时间而有些急，刘师傅也非常急，怕总经理会用车。这时，陈灵开口宽慰刘师傅说："刘师傅，这么长时间以来，你每天在这样的交通状况下安排总经理出行，真是辛苦您了！"

陈灵没想到这句关心之语，让刘师傅非常欣慰。因为他在这个职位已经10年了，10年来，总经理都没和他说过"辛苦您了"这句话。刘师傅开心极了。后来，刘师傅对当时的情景还记忆深刻，并经常私下里帮陈灵的忙，后来陈灵升职到了采购部经理，刘师傅还时常夸赞陈灵，说总经理体恤下属、慧眼识英才等。

故事中的陈灵，只是简单的一句关心的话——辛苦了，就与刘师傅结下良好的关系。生活中，我们每个人都在忙碌着自己的手头工作，希望自己的努力能得到他人的理解、肯定和关心，如果有人对我们说出"辛苦了"三个字的时候，我们一般都会心生感激。

当然，我们在职场多做事并不是单纯为了获得他人的称赞，这是一种负责任的工作态度。只有你有这一意识，并化为行动，才能有好的工作效率、积极的工作热情和拼搏的进取心，同样，你也会因此而获得更好的职场前景。

因此，即使你是一名公司最基层的员工，当你接收到一项并不属于你职责范围内或者你并不喜欢的工作，你无须抱怨，更不要心理失衡，你应该欣然接受并努力完成。在做事的过程中，你能积累到他人没有的经验，能获取知识，你最终会成为企业岗位上重要的人才，也会实现你的价值。所以说，我们多做一些事并不吃亏，吃亏是福，因为企业最需要的也是这种不怕吃亏的员工。

学会推自己一把

当你意识到应该去做某件事，可心里又有了拖延的念头，这个时候，你通常都在做什么？让我猜一猜，你可能会告诉我：坐在那里一动不动。

为什么要待在那里一动不动，任由思想挣扎呢？很简单，因为一旦要动的话，就必须告别此时此刻的惬意。现在这么舒服，谁要去做那些痛苦的事呢？潜意识里越是这样想，人就越懒得动。

采妮下定决心减肥已经不是一次两次了，看着体重秤上的数字，她的内心不由自主地感到一阵恐慌。她知道，再这样下去，已经不是胖瘦美丑的问题了，而是会严重影响身体的健康。按照目前的情况来说，她至少要减掉40斤的体重，才能恢复到正常状态。

40斤！这个目标听起来就是那么吓人，要戒掉高热量的食物和甜品，要迈开腿做累人的有氧运动，想到那个过程，心里就无比厌烦，谁不知道坐在沙发上看电视、吃零食是最舒服的呢？

采妮感觉身体里有两个自己在打架，一个自己在说："赶紧减肥吧！你不能这样下去了。"另一个自己说："减肥太辛苦了，也不知道会不会成功，就算能成功，可至少要坚持一两年，太辛苦了。"

就这样，采妮一直做着思想斗争，偶尔挣扎着做了一次尝试，下一次依然会拖延。她不是不知道问题所在，也不是不知道该做什么，以及怎么去做，可就是抵抗不过一个字——懒。

罗宾是一名设计师，他也是一个严重的拖延症患者。周五那天，他接到领导安排的新任务，要求下周二早上递交一份策划文案。他想着，时间尚早，不用太着急。到了周日晚上，他坐在沙发上玩手机，想起策划案还一个字都没动，心里突然有种焦灼感。

罗宾知道，自己应该去构思方案了，否则单靠周一的时间，恐怕不够。道理都懂，可他就是不想起身，呆坐在沙发上，跟自己的懒惰和拖延进行着思想斗争。

你是不是也遇到过类似的情况？或者说，采妮和罗宾刚好反映出了你的现状？

这时，我们应该怎么做呢？如果让你直接从电视机前站起来，跑到书房去工作，你多半不太愿意，甚至还会产生逆反心理。别急，让我们听听日本心灵励志类图书作家佐佐木正悟的建议吧！

毋庸置疑，从关掉电视到投入运动或工作，这两个动作需要很大的心理跨度。对于拖延症患者来说，这太难了！这时，我们先关掉电视，不要去想接下来干什么，也别想着"该运动了，该工作了，关掉电视吧"，更不要有马上就要做痛苦的事情的念头。

为什么呢？因为，当你的思维被这种消极的念头占据时，你就再也无法动弹了。别忘了，趋乐避苦是人的本性。简单一点儿，把你的思维放到"关掉电视"这个动作上，抛开其他的想法。这样，你就从舒适、快乐的状态中迈出了第一步。只有离开沙发，把自己置于一个中立的位置，你才能够去做接下来要做的事。

佐佐木正悟认为，往大了看，往长远看，多数人总是沉溺于现状，逃避现状之外的事物，所以很难改变。为此，他提出了一个办法，在维持现状的情况下循序渐进地改变。

怎么解释呢？就拿跑步来说，你讨厌有氧运动，那不妨先离开椅子，到外面走走。当走路成为一种习惯时，再去接受跑步这件事，就能逐渐改变现在的行为模式。

简单来说，就是不要想着速成，更不要希冀马上看到结果。先从安逸的现状中迈出一小步，脱离那个舒适的圈子，就能给自己带去动力和希望。哪怕这一步很不起眼，但总胜过原地踏步，以免在拖延和懒惰中"溺死"。

步步为营才能离成功越来越近

半年多没有出过单的业务员，垂头丧气地抱怨说："唉，我嘴巴太笨了，不会说话，每次去拜访客户都吃闭门羹。有时，客户提出了一些公司无法满足的条件，我也不知道该怎么拒绝。也许我真的不太适合做销售吧！现在，我每天都是熬着过，拿着电话摆出一副工作的架势，却拖延着不肯拨号码……"

做前台的年轻女孩说："我也想学点儿专业性技能，以便对今后的职业发展有所帮助。我试着买了一些财务方面的教材，可是一看到数字就觉得头大，真怀疑自己能否做这样的工作。后来,我看朋友做速记也不错,就跟她学了一段时间,但那些速记符号太难背了,有时就算记住了,打出来的字还是有很高的错误率。后来,公司事情多,连续加了几次班,就把这个事情给搁下了……现在,还是想学点东西,可又不知道能学什么,也怕自己坚持不下来。"

恐怕没有人告诉那个业务员,有多少销售大师最初也是连讲话都会脸红的人,后来却能当着千百人的面落落大方地说话。这期间,他们花费了三五年的时间去研究说话的艺术,每天不间断地练习。恐怕也没有人告诉那个前台女孩,要成为某个领域的专家,按每天工作8小时、一周工作5天计算,至少需要5年的时间。

这个世界上没有笨人,也没有学不会的东西,只有不肯下功夫的懒人。

360集团的董事长周鸿祎说过,要成为一个合格的程序员,至少要写10万到15万行以上的代码。如果连这个量级的代码都没有达到,就说明你根本不会写程序。在学校里学的那点儿东西,写的那几千行代码的课程设计,根本不算什么。

他也坦言,自己在做编程时,比谁都坐得牢。别人最多编写两三个小时,就得走出去透透风或是吸根烟,可他坐在那里除了吃点饭、喝点水外,可以连续十个小时坐在那一动不动。编程的时候,即使有人在旁边玩游戏、看电影,他也可以做到熟视无睹。

拖延的人总是看到别人成功的一面,感叹着别人的才能，却看不到他们为此做出的积累。这就好比一个人吃饭，吃到第三碗饭的时候终于觉得饱了，别人就开始琢磨，是不是这第三碗饭有什么特别之处？为什么吃了它就饱了呢？他们根本不知道，其实人家前面还吃了两碗饭，这才是不容忽视的关键。

一位颇受人尊敬的经济学家，平时研究讲学已极其繁忙，还身兼多家机构的顾问之职，可即便如此，他在最近的两年里竟然独自出了四本书。很多人都在感叹：他是怎么做到的呢？

其实真的没什么秘诀，为了工作，他每天只睡六小时。再怎么有才华的人，想成就事业，也要付出常人难以想象的代价。至于偷懒和拖延，那是绝对不允许存在的。

当你想去学点儿什么或是提升某方面的能力，不要总强调各种客观原因的障碍。一个人若真想做成一件事，总能够找到办法；若不想做一件事，总能够找到理由。拿出你的勤奋和努力，打败懒惰和拖延，自律会使你成为一个更有毅力、更优秀的人。

第六章

完美是陷阱，不做完美主义者

追求完美也需要付出代价

生活和工作中，我们发现，有这样一些人，他们努力上进、积极学习、工作认真，但在竞争中似乎总是处于下风，那些能力不如他们的人都得到回报了，他们还似乎总是原地踏步，这是为什么呢？其实在排除一些外在因素的情况下，你可以做个自我反省，你是否已经陷入了完美主义的泥沼？那么，完美主义者有哪些表现呢？

不知你是否有过这样的感受：购物的时候，你对那些打折或促销的产品不屑一顾，认为它们必定有着瑕疵；在长辈的催婚下，你不得不去相亲，然而，你总是能挑出相亲对象各种"毛病"，认为你的完美爱人始终未出现；当你着手准备做某件事前，总感觉计划不周密，于是，为了完善你的计划，你迟迟未动手；在接受了上司的某件任务时，你发现上司的方案有个不如意的地方，为此，你花费了大量的时间去求证，最终也延误了上交任务的时间；对于工作中那些看起来十分随便的人，你嗤之以鼻，认为这是不负责任的表现……

如果你也有这样的表现，那么，很有可能你也是一位完美主义者。对于完美主义者而言，他们着眼于细枝末节的事，认为要做好一件事，必须考虑到每一个因素，然而，这个世界上本就不存在绝对的完美。完美也只是乌托邦式美好的愿望而已。现实生活中，我们在做一件事时，完成远比完美更重要。举个简单的例子，领导交代给我们某个任务，他们要看到的只是工作成果而已，他们要的并不是完美无瑕的艺术品，如果我们一味地考虑其中可能出现的漏洞而不去实现的话，那么，在领导眼里是看不到你的努力的。并且，绝对完美的事是不存在的。任何一个高效率的工作者，也会秉持"八分原则"，也就是允许二分的瑕疵存在。

如果我们细心地观察，就会发现，我们周围那些忙碌、不拖延的人，也多半是机动灵活的，他们总是能以80分就可以的态度完成十分艰难的工作。而完美主义者，因为总是将精力放到过多的细小问题上，要么他们拖延不动手，要么放缓了行动的速度。要知道，我们若想在这个高压的现代社会更快乐、轻松地工作，还是应该摒弃完美主义。

可见，凡事都有个度，追求完美到了一定的地步就变成了吹毛求疵。如果不达到想象中的彻底完美誓不罢休，那就是和自己在较劲了，长此以往，不但会让我们养成拖延的坏习惯，还会让我们的心里有解不开的疙瘩，我们自己也会渐渐承受不了这种越来越沉重的负担。

其实，我们在工作中何尝不是如此呢？无关紧要的瑕疵并不会影响我们的表现，也不会给别人留下不好的印象，所以又何必如此固执呢？完美主义者不仅对待工作吹毛求疵，对待生活也是如此。他们不但苛求自己，还苛求他人。

有一个这样的笑话：一个人来到一家婚姻介绍所，进了大门后，迎面又见两扇小门，一扇写着：美丽的。另一扇写着：不太美丽的。这个人推开"美丽"的门，迎面又是两扇门，一扇写着"年轻的"，另一扇写着"不太年轻的"。他推开"年轻的"的门——这样一路走下去，男人先后推开九道门，当他来到最后一道门时，门上写着一行字：您追求得过于完美了，到天上去找吧。

笑话固然是笑话，但是说明了一个道理：真正十全十美的人是找不到的，我们不要过分追求完美。

的确，无论是工作还是生活中的烦恼，多是因为过分追求完美而产生的。如果我们苛求自己或别人把每一件事都做得完美无缺，那么我们将会失去很多东西。这个世上本来就没有完美的东西，如果一味地追求完美，最后得到的反而是不美。

总之，人生是没有完美可言的，完美只在理想中存在，我们的工作和生活中总是有令人不满意的地方。事实上，追求完美的人是盲目的。完美是什么？是完全的美好。这可能吗？凡事无绝对，哪里来的完全？更不要提完美了。既然没有完美，那又为什么要去寻找它呢？

完成也许比完美更好

我们都强调，做任何事，都必须认真。认真是做好一件事的前提，如果对什么事情都敷衍了事，马马虎虎，草草收场，必然什么事都做不好。精益求精、追求完美，这是一种进步的表现。如果人们都懒懒散散、满足于现状，那我们将会止步不前。因此，可以说，追求完美的心态让我们不断获得进步，它对我们的能力、知识、经验等方面都大有益处。我们可以发现，在任何一家企业，他们都强调员工一定要严格要求自己，在工作时要带着一丝不苟的态度。然而，凡事都有个度，追求完美到了一定的程度就变成了吹毛求疵。而且，从做事效率的角度看，一个人过多地把精力放到了细枝末节上，必将会耗费时间，长此以往，就会变得行动缓慢。

一位富翁家财万贯，他希望自己的一切都是最好的。

有一天，他的喉咙发炎了。按理说，这不过是个小病而已，找个普通大夫就能看好。可是，富翁求"好"心切，非要找天底下最好的大夫来给自己诊治。

他花费了大量的金钱，走遍了各地寻找名医。每到一个地方，都有人告诉他这里有名医，可他认为其他地方一定还有更好的医生，就拖着没有治疗，继续寻找。

直到有一天，他路过一个偏僻的小村庄时，突然感到喉咙疼痛难忍。此时，他的扁桃体已经化脓，病情十分严重，必须马上开刀，否则性命难保。可这里没有一个医生，这个富翁就因为扁桃体炎一命呜呼了！

看完故事，你是不是也联想到了什么？我们是强调做事要注重细节，但凡事有度，过犹不及。完美主义的拖延者，就像故事中这个富翁，习惯走极端，对待任何东西都吹毛求疵。其实，对一个无关紧要的瑕疵，有什么必要那么固执呢？

著名摄影家朱莉娅·卡梅隆说过："完美主义其实是导致你止步不前的障碍。它是一个怪圈——一个强迫你在所写所画所做的细节里不能自拔，丧失全局观念又使人精疲力竭的封闭式系统。"

一棵大树，最主要的部分不是它的枝枝丫丫，而是它的主干。很难想象，没有主干的大树，如何能枝繁叶茂呢？一栋大厦，先要将其建成，使它存在于世界，尔后才能对它进行各种装饰，在灯光闪烁中感受它的美丽与壮观。

生活中的任何事物都是如此，必须先有关键的主体方向，而后再强调细节。比如，你正在进行一个活动策划，策划的方案、主题都还未构思好，你却想着如何布置场景，该采购什么小礼品，虽然这都是日后必须做的事，但就现在而言，这些工夫就是白费的。没有一个主题，如何确定风格呢？没有风格和定位，如何知道购买什么样的装饰品呢？

细节不是不该重视，而是应该在全局确定的基础上去完善它。忽略整体而一味追求细节，只会让自己已经基本接近完成的事情功亏一篑。比如，一些无关紧要的事情，你非要将它和主要的工作同等对待，花费一样的时间，这就是舍大求小了。时间是宝贵的财富，在不必要的细节上浪费宝贵的时间，就好像花重金买了一个没有用的廉价物品。

有心理学家分析说：完美主义者特别在意别人的评价和反应，强烈期望社会的认同，强烈抵触消极的评价。为了不遭人非议，他们对自己很苛刻，要求自己必须把一件事做得漂亮、无可挑剔。所以，他们的压力比常人大得多，背负着重压来做事，内心肯定像是热锅上的蚂蚁，焦急难受。为了让自己舒服点儿，他们就可能会选择逃避，表现出更多的拖延行为。

太注重细节，会给自己造成一定的压力和精神负担。比如，有些事情明明已经做得很好了，但是你还要让它达到完美。在追求完美的过程中，你会在潜意识里觉得"我很没用""我不行""这么简单的事情都做不好"等。自卑如泉涌般喷出，慢慢地，自信就在消磨中逐渐丧失，人也变得慵懒而拖沓，提不起精神。

细节固然重要，但全局意识更重要，拖延的人往往都是过分强调细节，忽略了时间和效率。做一件事时，总要在完成的基础上，再去修正和完善；总得先有轮廓和框架，再谈具体的内容。千万不要因为某种形式上的完美主义倾向而导致最后的拖延，却还不停地找理由说："多给我一点儿时间，我能做得更好，我也真的想把它做得更好。"这样的理由在结果面前毫无意义。

完美有时只是一场骗局

完美虽然好，每个人也都很渴望，但是凡事不可能毫无瑕疵，正如美国当代生物社会学家威尔逊所说："一个跷跷板上，一头是神，一头是兽，人则站在中间；人一半是神，一半是兽，不偏不倚，跷跷板才能平衡。如果人背叛了自己，不管是偏向于神，还是偏向于兽，结果都会让跷跷板倾覆。"因此，真正的完美不可能实现，现实和理想总会出现偏差。

渔夫从大海里捞到了一颗晶莹剔透的珍珠，喜爱不已。美中不足的是，珍珠的上面有个小黑点，渔夫心想，若是能把这个小黑点去掉，岂不是更完美了？可是，渔夫剥掉了一层之后，发现黑点还在，于是他又剥了一层。就这样，他一层层地剥到最后，黑点没有了，可珍珠也不复存在了。

白璧微瑕，美得自然，美得朴实，美得真切。只可惜，渔夫一心想的是美到极致。为了消除那一点瑕疵和不足，他失去了罕见而可贵的珍珠，那朴实无华、不掺虚假的美，也随之殒灭。完美就是美吗？未必。美的价值往往在于它的完整，而不是没有丝毫残缺。

患有完美臆想的人，为了让别人和自己看到自己有多么优秀，他们常常突发奇想，喜欢去做一些自己完成不了的事情。通常，他们会将自己幻想成一个不同凡响的人，一个拥有智慧和才能的人，为此他们会给自己一个非常高的目标，甚至有时脱离了现实。这样一来，当现实与幻想发生冲突的时候，幻想会被现实所击碎，为此他们会受到打击，挫败感、失落感会一起向他们袭来。而为了排解这种情绪，他们开始选择拖延，以拖延来逃避失败的结果。

研究美国戒酒协会的第一人科兹，曾经写过一篇文章，名为《人不能背叛自己》。

他在文章中写到，以前酒徒们戒酒是件困难的事，无论是吃药还是心理咨询，或是向宗教求助，都无法让他们彻底戒酒。但戒酒协会却做到了，他们既不用药物，也不用心理咨询，更不用通过宗教，他们只是让酒徒们经常聚会，然后讲讲自己的故事，或是听别人讲故事，就是这些让他们重获了新生。

酒徒们在聚会上，经常会说这样两句台词：

"我是一个酒鬼，我不完美，我承认自己对酒精毫无办法，我很无能、很无助，我需要帮助。"

"你是不完美的，我是不完美的，他也是不完美的，我们每个人都是不完美的，不过没关系，真的没关系。"

戒酒协会就是使用这种的方式，让很多酒徒戒酒成功。这种方式的独特之处，就在于让酒徒们承认自己是不完美的，从而放弃头脑中那个虚幻不真实的自己，重获心灵上的自由。可以想象得到，如果酒徒们一直幻想着自己是完美的，过分强调"我不能喝酒""我太没出息"，那么往往就会破罐子破摔，认为自己没办法改变，无限拖延戒酒的行动。可当他们承认了自己是一个不完美的人，允许自己有短处，知道不一定能做到最好，但会尽力去做的时候，反而变得轻松了，也更容易做到。

一心追求完美，并愿意为此不断付出艰辛的人被称为"完美主义者"。心理学家指出完美主义者可以分为两种：一种是适应型完美主义者，一种是适应不良型完美主义者。完美是适应型完美主义者的最高追求，也是他们自尊的根本。他们往往对自己有很高的要求，同时坚信自己可以完成自己设想的完美。他们为了实现这份完美，会心甘情愿地付出相应的努力。其结果往往是得偿所愿，他们追求的完美有很大的可能会得以实现。

适应不良型完美主义者的结局是不一样的。他们与适应型完美主义者不同，适应不良型完美主义者对自己没有太高的要求，却对自己的表现有着很高的期待，这显然是一种相互冲突的矛盾。而这也为他们埋下了失败的命运。当他们心中的美好理想被打破后，他们就会陷入自责当中，消沉的情绪也随之而来。

在现实社会中，这种适应不良型完美主义者到处都有：销售能力和综合素质很普通的销售人员，却期望成为整个区域销售冠军的愿望在短期内就能完成；一个在班级成绩很差、考试总在末尾几名的学生想在一个月内成为全年级第一名；一个短跑成绩不及格的运动员却想立刻就超越最快的选手……这些人的愿望虽然很美好，但却有些不切实际。过于勉强自己，往往会阻碍他们的前进。

在制订目标的同时，不妨这样问问自己的内心：你是想获得真正的进步，还是想被挫败和沮丧的情绪所笼罩。如果完美遥远得根本无法实现，就会阻碍我们的前进，拖延也因此成了阻碍我们前进和成功的拦路石。

完美主义者如果想要打破内心完美的迷梦，就要时刻提醒自己的不足，并承认世界是不完美的，只有这样，才能使自己不断取得进步。

坚持错误才是最大的错误

生活中，当我们从事一件事，身心俱疲、想要放弃的时候，常被身边的人这样鼓励："坚持，不要放弃。"然而，我们自身是否思考过，坚持真的就会胜利吗？通常来说，完美主义者会选择坚持，因为他们认为已经付出了努力，就不能放弃。事实上，有时候，当我们碰得头破血流的时候，我们才发现，原来自己一直在走一条错误的道路，回过头来看，我们已经浪费了太多的精力和时间。

因此，我们在勤奋学习、努力奋斗乃至为梦想付出的过程中，也不能太过盲目，而应该思索自己的方向是否正确。如果你发现离梦想越来越远，那么，你就要果断放弃，因为放弃有时候是为了更深层面的进取。

错误的坚持是不可取的，在人生的旅途中经常会遇到许多分岔口，与其盲目前行，不如在适当的时候停下来想一想，什么才是自己的需要，什么能使自己更快地走向成功。选择是人生成功道路上的必备路标，只有量力而行的明智选择，才会使我们拥有辉煌的成功，然而那些错误的坚持是不可行的。

其实，我们也应该想一想自己的生活，我们是否也心怀执念而让自己钻入了死胡同，是不是一直在做一件错的事，是不是一直在浪费时间。坚持多一点儿就变成了执着，执着再多一点儿就变成了固执。人应该执着，但不应该坚持一种错误的想法。有时候，你可能没意识到你坚持的想法是虚妄的。对此，我们应当学会及时放下，找到新的出路，重新审视自己的生活。

利瓦伊·斯特劳斯是家喻户晓的"牛仔大王"，在他年轻的时候，他也曾投入西部淘金的热潮中。

一天，去西部的一行人，突然被一条大河挡住了前行的路。大家苦等数日，一直没有出现船只，接下来，要过河的人越来越多。利瓦伊看到这种情形，脑海中产生了一个摆渡的好点子。就这样，他挖到了人生的第一桶金。

当然，随着时间的流逝，摆渡的生意越来越清淡。再后来，利瓦伊又发现了一个赚钱之道——卖水。因为来西部淘金的人很多，然而西部却很干旱。就这样，他又赚到了一大笔钱。再接下来，与他抢生意的人越来越多。

终于有一天，一个身材强壮的人对他威胁道："小伙子，以后你别来卖水了，从明天早上开始，这儿卖水的地盘归我了。"他原以为这人只是在开玩笑，没想到，第二天，对方看到他还在卖水，便二话不说对他一顿暴打，最后还将他的水车也一起拆烂。

就这样，利瓦伊不得不无奈地接受现实。然而就在他心灰意冷时，脑袋中却又闪现了另外一个想法，并且，他做到了—把那些废弃的帐篷收集起来，洗干净后，缝制成衣服，那么一定会有人愿意买。就这样，他缝制成了世界上第一条牛仔裤。从此，他一发不可收拾，最终成为举世闻名的"牛仔大王"。利瓦伊为什么能最终成为"牛仔大王"？那是因为他有变通的思维，在原来赚取财富的路已经行不通的时候，他能果断地放弃，并不断地寻找新的机遇。

然而，在我们所受的教育里，强者是不轻易言败的。所以，我们常常会被一些激励人心的词语所激励，如不屈不挠、坚定不移、坚持到底、永不言败等。是的，我们的人生需要砥砺。但是，如果是一个已经站在了死胡同里的人，却还是坚持要走到底，这样的他并不会成为英雄，他的坚持只会让他撞得头破血流。

的确，几乎每一个人都渴望成功的降临，但事实上并非每一个人都能获得预期的成功。有的人盲目行事，心中有了什么好的想法就马上开始实施，不等待，不忍耐，也不经过仔细思考，最终面临惨烈的失败。其实，要想获得成功就必须有周详的谋划，深思熟虑，并经过一段时间的准备再行动，而一旦发现目标是错误的，就应该立即放弃，并调整新的方向，只有这样，才能最终获得成功。当然，在追求成功的过程中，有时候，我们需要放下的不仅仅是目标和方向，还有让我们感到疲惫的压力。因为只有放下压力，及时获得新的能量，我们才能继续上路。

再完美也不要忘记取长补短

我们在做事的时候，必须承认自己的不完美，告诉自己没有什么所谓的最好，只能做到更好。只有保持这种心态去做事，才会让自己有充足的活力，高效的做事效率，并且保持有愉快的心情；相反，如果做事没有这种心态，而是执着地追求完美，就会在遭遇挫折后沉浸在无边的痛苦之中，时间长了，人就会变得精神困顿，没有了工作的激情，做事总是拖拖拉拉，处理生活和工作上的一切事情也总是慢腾腾的。

从心理学上看，追求完美是人的本性，人们想将事情做到最好，并且相信自己能够将事情做到最好。这种迷梦让我们痴心不已，并乐此不疲，还往往让我们觉得事情做得不够好，还可以做的更好。尽管事情做到那一步已经很不错了，但是我们却不断地去完善所做的事情，想要进一步提高。这样一来,本该完成的事情势必要拖延下来。

一旦追求完美越过了底线,就会演变成激进和拖延的混合体。激进很容易会让人失去理智,从而变得疯狂,忘记完美和现实有着一定差距,更忘记了绝对的完美在世界上根本不存在。过度追求完美必然导致拖延的产生。

当完美主义者发现因自己过度追求完美而造成了宝贵时光的浪费,而且还导致事情被无情地拖延时,他的懊悔和痛苦要远远大于他们接受不完美这一现实时的痛苦,这究竟是什么原因呢?

究其原因,就在于生命是短暂的,人可以高效做事的时间不过几十年。如果因为执意追求完美而使得一切努力和宝贵时间都浪费掉,那么这份痛苦必然沉痛。但是如果能理智地接受不完美这个事实,那么痛苦就是短暂的,不但不会因此造成很大的损害,而且还会在接受自己不完美的事实之后,更加理智地采取行动,取得成功的概率也会大大增加。两者比较一下,显然后者更容易让人们所接受。

因为过度追求完美所造成的拖延实在是让人伤心。生命不能承载太多的拖延,无限期的拖延就是在自毁生命。接受自己和世界的不完美,将这份不该存在的执着放下,让正确的做事心态去引导更加理智的行动,相信定会提高效率,节省时间,使得有更多的精力投放在有意义的事情上面,从而获得更多、更大的成就,这等于人的生命在延长,生命也会因此焕发出美丽的光彩。

第六章 完美是陷阱，不做完美主义者

艾伦是一个优秀的广告设计师，他大学学的就是美术和设计，一出校门就来到北京寻找工作。因为没有经验，所以先是在一家小公司工作，一年后跳槽到了一家中小型公司，因为作品不错，一去就做了正牌设计师，公司的大业务都有他一份。两年后，艾伦觉得自己在这家公司也增长了足够的经验，于是再次跳槽到一家外企，工资也是翻倍增长。

大学毕业才四年，他的月薪就从三千涨到了一万二。能有这样的成长速度，全靠艾伦有一股特别爱"钻牛角尖"的精神，每个设计都必须达到自己最满意的效果才交出去，而每次遇到自己还没接触过的设计软件、技能时，他都一定要弄个清清楚楚，并且熟练应用为止。这个可以说是完美主义的特质，帮助他在事业上顺风顺水。

然而，这个特质也有变成缺点的时候。这不，这周末回到家里，本来是想在两天内做完朋友介绍的活。艾伦自从上班后，就没有接过私活，这次也是朋友找他帮忙，他才肯接的。艾伦本来想以自己的能力，两天内做完这个并不太复杂的广告初步设计方案是很容易的，但是周六上午发生的一点儿小状况，让艾伦两天完成工作的愿望变成了泡影。

周六早上起来，艾伦打开电脑准备开始工作，但这次开机时间竟然用了一分多钟，比原来的十五秒开机差了好几倍。这对于一个完美主义者来说怎么能够忍受？艾伦立刻开始清查电脑，扫除垃圾后，关机又开了一遍，减少了几秒，但还是用了一分多钟。艾伦又杀了毒、清理了不常用的软

件，再试一遍，还是一分多钟。艾伦有点儿恼火，对于他来说，如果电脑慢，是没办法进行工作的。接着，艾伦又给一个电脑内行的朋友打了电话，听他分析了半天，尝试了所有办法还是不行。艾伦烦躁地关了电脑，躺到床上睡觉去了。但睡又睡不着，蜗牛一样的电脑还是他的心病。他接着又起来鼓捣，如此反复了一个上午，艾伦精疲力尽，本想午觉睡上半个小时，谁知一觉睡到了下午五点半，把一周五天的劳累全补了回来。可是，他还是很烦闷，因为工作没有完成，可能要拖到明天才能开始了。

艾伦的做法无疑是错误的，他的错误来自于他过于执着地追求完美，忽略了他一开始想要做的事情。如果他不过于追求电脑开机时间上的完美，不因此而拖延，而是将时间都用在设计工作上，那么也就不至于白白浪费一整天的时间了。

最大的错是怕犯错而不去做

心理学家理查德·比瑞博士认为，一个人害怕失败，很可能是因为有着一套他自己的思考假设，并且这些思考非常容易绝对化。

某大型企业的一位销售代表，虽然入职才两年多，可显赫的业绩足以让他傲视曾经一起进入公司的同事。他在公司里总是一副自信满满的样子，做事一丝不苟，再难缠的客户他也有耐心应对。眼看着业绩和奖金屡增不减,周围人都认为,他极有可能被提升为销售部主任。

顺利的职场生涯,并未给这个年轻的销售代表带来多大的鼓舞,尽管表面看来,他洋溢着自信,可他内心深处从来没有真正满意过。从大学时代起他就如此,不管做什么事都要殚精竭虑、未雨绸缪,竭力避免错误和失败。

按理说,人思虑周全是好事,做足准备是为了让自己没有遗憾,正所谓不求尽善尽美,但求尽心尽力。不过凡事有度,过犹不及。他对成功和完美的追求,实则是对失败的担心和对不完美的恐惧,他拼命努力的动机纯粹是为了避免失败,减少错误。

他从来不接受别人的鼓励,因为他把所有的精力都放在自己做不好和做不到的地方,总想着如何弥补这一点。在他心里,自己做好那是理所当然的,做不好却是不能被原谅的。可是,谁敢保证自己的事业会一直平步青云,没有摔跟头的时候?

终于有一次,他因为交通意外而迟到,遭到了某重要客户的指责,他再三解释,对方还是不依不饶,最终双方没能谈妥那笔生意。公司里公认的"金牌销售"没能维护好客户关系,丢了一大笔生意,这个消息很快传遍了公司。一向自傲而追求完美的他,因此灰心丧气,觉得自己很无能,竟然犯了如此"低级"的错误,他自责不已。

那一个月里,他整个人郁郁寡欢,平常给客户打电话都很热情的他，说话有气无力，做事一点儿斗志也没有。他时常回想起自己和客户见面那天发生的情景，想着想着自己就烦躁不已，恨不得时光倒流，重新来过，让他把所有处理得不够完美的地方都修补一下，改变现在的结果。

当局者迷，旁观者清。他纠缠在搜寻缺陷和"全有或者全无"的思维里，无异于自掘陷阱。在他看来，一生中都顺利而不摔跤是完全有可能的（当然也是值得期待的）；所有失败都是可以避免的，避免失败是他能力范围内的事。

一位终日消沉的历史学家曾说："如果我没有完美主义，那我只是一个平庸的人，谁愿意空活百岁而碌碌无为呢？"在他的心里，完美主义是自己取得成功所要付出的代价，他坚信实现完美是自己追求理想高度的唯一途径。然而，实际的情况又如何呢？他太害怕犯错，太害怕失败，这种恐惧感让他在做事时如履薄冰，工作效率比其他同事差远了。反倒是那些抱着一颗平常心看待错误的人，在自己的领域里做出了不少成就。

顾城有一首诗是这样写的：

你不愿意种花

你说：

"我不愿看见它

一点点凋落"

是的

为了避免结束

您避免了一切开始

不得不说，这是一种消极的完美主义。一旦这种信念蔓延开来，整个人会觉得无力、无望，甚至是无用，最后停止一切尝试。追求完美也许会让一个人获得成功，但获得成功并非是由于对完美的苛求。

其实，错了就错了，是人就会犯错误，知错能改，善莫大焉，有什么大不了的呢？有谁的人生是直线式的呢？哈佛教授沙哈尔在其"幸福课"中反复重申着这样一个观点，"give ourselves the permission to be human"，直译过来便是：允许自己成为人！这里的"人"就是指与神相对的，具有七情六欲，会犯错的社会生物。

沙哈尔教授也曾是一个完美主义者，一直期望着能够从起点A直接通往终点B的生活。可事情不总是如此完美，当他经历了一段漫长又煎熬的岁月后，他开始调整自己，力求成为一个追求极致，但允许自己失败的人，并深刻地认识到，曲线式的人生才是常态。

西班牙著名作家塞万提斯说过："对于过去不幸的记忆，构成了新的不幸。"

对过去的失误或失败，有机会补救，那就尽力补救；没有余地挽回，那就坚决把它抛到一边，重新找寻新的方向。不要觉得失败一次，整个人生就失败，更不要因此停滞不前。很多拖延和无为，并不是源于环境和境遇，而是我们钻了牛角尖，舍本逐末。

追求完美还是追求无悔

完美是一种理想的状态，可以无限接近，但却永远都达不到。时间有多宝贵，自不用赘言，它不会因你追求完美而为你多停留一会儿，当然也不会克扣你一些。流逝的时间永远都不会再回来，而努力追求的完美却注定是一场空，因此，为追求完美而浪费精力和时间的行为自然是愚蠢的。

时间像一条不断向前流淌的小溪，每时每刻都在前行，世间还没有任何一种力量可以阻挡它。为了避免拖延恶习的滋生，同时保证将事情做好，我们要秉持一种不求尽善尽美，但求尽心尽力的做事心态。

丁丹从师范院校毕业后，被招聘进入本市一家公立小学当教师。她非常高兴，因为她的愿望就是当一名教师。入职一段时间后，丁丹原先兴奋的心情退去了，一些烦恼却占据心头。怎么回事呢？原来，丁丹一登上讲台，面对台下那些天真无邪的面孔，她就十分紧张，原来已经背得很熟的讲课内容被忘得一干二净。

本以为这种情况是由于刚做老师太紧张造成的，但过了一段时间，丁丹发现这种状况虽然有些改善，但还是没有从根本上改变。丁丹觉得自己真是太没用了，都过了这么长时间，还是没有从这种糟糕的状态中摆脱出来，她为此变得忧郁。

令她稍感欣慰的是，她任课班级的学生们对她充满信心，每当她忘了讲课内容时，他们都会伸出一双双小手为她鼓掌，给她鼓励。看着这群可爱的孩子，丁丹决定一定要攻克难关，履行好教育的职责。

为了达到这一目的，丁丹几乎将自己所有的时间都用在了备课上。她力争把课件做完美，以便给孩子们带来一节节别开生面的课。讲课忘词的情况终于得到了好转，而且一天好过一天。丁丹没有满足，继续努力，希望早一天达到完美。但是由于她将时间和精力都放在了备课上，却忽视了批改学生作业。学生交上来的作业经常被拖了好长时间还没有批改。

看着还没批改的作业，丁丹心里难受极了，她自认为是办公室里最勤奋的人，用在工作上的时间要远超过其他老师，现在的情况是：别的老师既把课堂上的教学任务完成得很好，同时也及时把学生的作业批改好了；而自己在课堂上的教学没有达到完美，同时还耽误了学生作业的批改。一想到这些，丁丹心里越发难受。

经过深入思考，丁丹找到了自己身上存在的问题，她在保持已经取得的课堂教学成果的基础上继续改善不足的地方，但不再像以前那样一心只追求完美，同时她将剩下的时间用在了其他教学环节上。过了一段时间，丁丹终于取得了教学各环节平衡，既让自己的课堂教学任务很好地完成，同时也兼顾了其他环节。

丁丹经过一番挫折洗礼，痛定思痛，积极努力，终于达到了一个相对完美的地步。这个事例是不求尽善尽美，但求尽心尽力的较好写照。尽善尽美是追求不到的，可望不可求，但要向着这个方向努力，积极做事，不拖延，不敷衍，发现问题，解决问题，尽心尽力，最后总会达到一个相对完美的地步，而这也就是尽善尽美了。

为了避免误入追求尽善尽美的泥潭，我们要培养宽广的胸怀，学会接受自己的不足、不完美，保持一种只要尽力就好的平静心态，不要逼着自己走入极端，否则只能自毁其路，自食其果。另外，还要善于利用别人的长处。合作共赢是现代和谐发展的主旋律，懂得合作的人才能取得成功，所以要在正视自己不足的情况下，欣赏别人的长处，并充分利用别人的长处，合作共赢，从而取得成功。

总之，一定要从实际出发，量力而行，努力向尽善尽美靠近，做到尽心尽力，这样就能造就相对完美的结果。

第七章

目标明确才能立即行动

出发前不要忘了找出目的地

活于世上，任何人，都要有人生的目标。同样，身为职场人士，我们也应该有自己的职业目标，这是实现职业生涯成功的关键。并且，你未来的职业生涯可能并不完全按照你的职业规划去发展，这就更需要我们拥有一份清晰的职业规划。因为通过职业规划你可以清楚地知道自己目前所在的位置，目前的职业与你的规划有什么样的偏差，它是否对你的职业生涯有帮助，你是否需要做出调整等。最重要的是，目标指导行动，任何一个有抱负的职场人士绝不会允许自己有拖延的习惯，从这一点看，我们也要为自己做好职业规划。

所谓的缺乏职业规划，就是指职场人士在步入职场之前或者在职场中时，缺乏对自己能力和发展的明确认识，更没有认清自己所处的职场环境。他们往往处于这种"不知己不知彼"的状态中，走一步算一步，不知道自己未来的走向如何，更不知道自己可以朝着哪个方向走。不少人连初始的职业选择都存在困难,不知道自己能干什么,适合干什么,喜欢干什么。其结果可能导致自己做了一份不愿意做的工作,或者是做了一份不适合的工作,可以想见,这样下去只会使自己逐步失去工作热情,造成工作散漫和拖延,最后前途堪忧。

小李已经毕业两年了,其间她跳了四次槽。在这两年的时间里,她先后从事了四份性质不同的工作:民办学校的教师、教育机构的咨询员、办公器材的销售员、保险的推销员。这四份工作只有做教师与她的专业对口,其他都是在招聘单位亟须用人而她也亟须工作的时候达成的,那时单位不考虑她的专业,她也不考虑工作的性质,她只看薪水和招聘单位的承诺,只要薪水满意或者未来的薪水可以达到她的期望值,她就接受。

就这样,她像走马灯似的换了四家单位,换了四种工作。

这一次,小李拿着她的中文简历找到一个猎头,希望猎头能为她翻译成英文简历。她说她看好了一家各方面都不错的外资企业,薪水尤其诱人,所以想制作一份英文简历试试运气。

这位猎头一看这份简历,发现小李拿的还是她大学毕业时用的简历,只是在工作经历一栏多了几行字,也只有从工作经历里才能看出这不是一个应届毕业生。猎头摇了摇头。

看到猎头的反应,小李其实也明白自己的工作经历没有什么说服力,她在叙述工作经历的时候一笔带过,而且对自

第七章 目标明确才能立即行动

己的四次跳槽进行了整合，将四次改成了两次。

这里，单从小李工作的种类上来看，她所从事的职业无疑是丰富的，经历也是复杂的，但是这种经历在质量上很难让人信服，实在是缺乏说服力。为什么会这样呢？因为她没有明确自己的职业目标，不知道自己要做什么、能做什么，最终导致失去了职业方向。

小李的经历说明，我们要掌握在职场的主动地位，最重要的就是有一份职业规划。你需要明确制定未来3年、5年、10年甚至20年的职业目标，给自己的职业生涯一个定位。这就是职业规划的作用，它使你能时刻感知到自己的所在位置。

那么，怎样才算有一个职业规划呢？

每个人都可以给自己的职业生涯进行一个规划，规划分成长期目标和短期目标。长期目标是指自己到达某一个年龄阶段时想达到的目标，而短期目标则是近期自己可以做到的程度。两种目标应该是协调一致的，具有可发展性。

在制定目标之前，你首先要做的就是了解自己。一方面是了解自己的能力和特长，另一方面是了解自己的性格特点及兴趣爱好，看能否达到一个完美的结合；如果不能，那么应该偏向于哪个角度发展则需要自己的理性选择了。

因此，你首先要清楚地知道自己能做什么，这是基础。而喜欢做的事情却未必就有机会去做，或者说，适合自己做的事情也未必有机会去做。比如，通过职业倾向性测试可以了解自己适合做什么行业，但是现实却未必能给自己这个机会。所以，自己的能力和特长才是进入职场的基础，也是和其他人竞争的实力所在。

最后，你还要为自己拟定各个阶段的目标与规划。比如：

长期目标（5年、10年或15年）：这个目标会帮你指引前进的方向，因此，这个目标能否拟定好，将决定你很长一段时间是否在做有用功。

中期目标（1~5年）：也许你希望自己能拥有房子、车子、升职等，这些就属于中期目标。

短期目标（1~12个月）：这些目标提示你，成功和回报就在前方，鼓足干劲，努力争取。

即期目标（1~30天）：一般来说，这是最好的目标。它们是你每天、每周都要确定的目标，而当你有所进步时，它能不断地给你带来幸福感和成就感。

因此，每一个身处职场的人都要先问问自己：5年之后、10年之后、20年之后我的职业目标是什么？要达成这些目标，我还需要弥补什么？意向中的那个职位究竟在哪些方面能帮助我提升？了解这些，也许对你改善职场前景有所帮助。

目标与计划并不是一成不变的

在前文中，我们已经分析过，计划与目标对于一个人工作的重要性。一个人只有树立明确的目标，并制订出周详的

第七章 目标明确才能立即行动

计划，他的行动才有指引。就连那些指挥作战的军事家，他们在战斗打响前，也都会制订几套作战方案；企业家在产品投放市场前，也会制订营销计划，做好一系列的市场营销方案。而在我们的工作中，学会制订计划，其意义是很大的，它是实现目标的必由之路。然而，计划是否完备、是否万无一失、是否在执行的过程中与原定目标逐渐偏离，还需要我们在做事的过程中经常检查。

可能你曾有这样的经历：上级领导交代给你一项任务，你为此做了精心的准备，制订好了实施方案。在整个执行的过程中，你一鼓作气，自认为完美无瑕。而当你把工作成果交给领导时，却被领导批评这份成果已与原本的任务目标背道而驰。这就是为什么我们常常被领导以及长辈们教导做事一定要动脑筋，一定要多思考，以防偏差。我们先来看下面一个故事：

甜甜是一名高三的学生，还有三个月，她就要上"战场"了。这天周末，姨妈来她家做客，甜甜陪姨妈聊天，话题很自然便转到甜甜高考这件事上了。

姨妈问甜甜："你想上什么大学啊？"

"浙江大学。"甜甜脱口而出。

"我记得你上高一的时候跟我说的是清华，那时候你信誓旦旦说自己一定要考上，现在怎么降低标准了？甜甜，你这样可不行。"

"哎呀，姨妈，咱得实际点儿行不行？高一的时候，树立一个远大的目标是为了激励自己不断努力，但到了高三，我自己的实力如何我很清楚，我发现，考清华已经不现实了。如果还是抱着当初的目标，那么我的自信心只会不断递减，哪里来的动力学习呢？您说是不是？"

"你说得倒也对，确定任何目标都应该实事求是，而不应该好高骛远啊。看来，我也不能给咱们家甜甜太大压力，让你自己决定上哪个学校吧。"

这个故事中，甜甜的话很有道理。任何计划的制订，都应该依据自身的情况和阶段，不切实际的目标只会打击我们学习的自信心。诚然，我们应该肯定目标的重要意义，但这并不代表我们应该固守目标、一成不变，很多专家为那些求学的人提出建议，要不断调整自己的目标。也许你一直向往清华北大、一直想能排名第一，但是根据进一步的分析，如果这些科目经过努力仍无法提高的话，就应该调整自己的目标，否则不能实现的目标会使你失去信心，影响学习的效率，因此有一个不切实际的目标就等于没有目标。

其实，不仅是学习，在工作中我们也要及时调整自己的计划，做事不能盲目，制订策略的第一步应该是明确自己的目标，有目标才会有动力，有了动力才能够前进。但在总体目标下，我们可以适当调整自己的计划，这正如石油大王洛克菲勒所说："全面检查一次，再决定哪一项计划最好。"任何一个初入职场的年轻人都应该记住洛克菲勒的话，平时多做一手准备，多检查计划是否合理，就能减少一点失误，多一分把握。

在做事的过程中，当我们有了目标，并能把自己的工作与目标不断地加以对照，进而清楚地知道自己的行程与目标之间的距离，我们做事的效率就会得到提高，就会自觉地克服一切困难，努力达到目标。

的确，思维指导行动，如果计划不周全，那么就好比一个机器上的关键零件出了错，那就意味着全盘皆输。一位名人说得好："生命的要务不是超越他人，而是超越自己。"所以我们一定要根据自己的实际情况制订目标。跟别人比是痛苦的根源，跟自己的过去比才是动力和快乐的源泉，这一点不光可以用在工作上，在以后的生活中都用得着，对我们的一生将产生积极的影响。

另外，即使我们依然在执行当初的计划，但计划里总有不适宜的部分，对此，我们需要及时调整。也就是说，当计划执行到一个阶段以后，你需要检查一下做事的效果，并对原计划中不适宜的地方进行调整，一个新的更适合自己的计划将会使今后的行为更加有效。

因此，你可以把自己的目标细化，将大目标分成若干个小目标，长期目标分成一个个阶段性目标，最后根据细化后的目标制订计划。另外，由于不同的工作有不同的特点，所以你还应根据手头任务制定细化的目标。细化目标也能帮助我们及时调整自己的计划。

确定了目标就不要停下

一位学者曾深有感触地说:"一个人应当一次只想一件东西,并持之以恒,这样便有希望得到它。但是有人却什么都想,最终什么也得不到。"专注是做事成功的重要前提。因为专注,所以精力集中;因为精力集中,所以做事高效;因为做事高效,所以成功。"三心二意""三天打鱼,两天晒网",今天想要做这个,明天想要做那个,一心用在多处,如何能做成事?又如何将事情做好?

生活中很多人之所以没有取得成功,只因为做事不够专注,面对确定好的目标不能坚持不懈。他们在向着目标前进的途中,被身边各种诱惑吸引,轻易就抛弃了原先确定好的目标,转而想攻取新的目标,在这样"见异思迁"的心态下,经常更换目标成了家常便饭,最终将会一事无成。而那些忠心耿耿、专注于一个目标的人,从不轻易改变自己的方向,从不轻易放弃自己的目标,努力前行,高效做事,最终成功获取了胜利的果实。

一个目标之所以更容易实现,是因为这使人更专注,不浪费时间,在有效的时间内做事效率更高。

实际上,很多人往往都是有很多目标的,但要想成功,只能选定一个最合适的目标,然后努力去实现。这就如同打猎，如果选定了一个猎物去追，就容易得手；如果一会儿追这个，一会儿又改变路线去追那个，最终极有可能两手空空。

不能在一个目标上坚持不懈的人通常会将宝贵的时间花费在实现很多目标上，而追逐的多变势必造成时间的浪费和事情的拖延。这样原来的目标就变成了拖延的牺牲品，失去了继续做下去的意义，真正成了可望而不可即的目标，名存实亡的"美丽摆设"。

目标具有引领人生的作用，朝三暮四只会让目标失去这种引领的作用和意义。"样样通，样样松"就是这种人的结果，最终他们也会与成功失之交臂。

一位爱好文艺的年轻人慕名前往本市一位著名学者那里请教学问。见到这名学者后，这个年轻人问："您能告诉我您都会什么吗？"学者没有回答这个问题，而是反问道："你都会什么？"年轻人回答道："我会很多。"学者又问道："你昨天都干了些什么？"

年轻人答道："上午我花了两个小时练习钢琴，又花了两个小时弹吉他。中午我练习打乒乓球，之后又花了两个小时看外语书，最后花一个小时学习茶艺。"

学者笑了，意味深长地说道："你这一天很充实啊！"

年轻人一时没有明白过来，他就问："您昨天都做什么事了？"

学者说道："我的一天很简单，上午用了四个小时的时间去读书。"

年轻人又追问:"那下午呢?"

"下午,也在读书啊!"学者说道。

听了学者的话,年轻人似乎有些触动,半天没有说话。

学者见状,问道:"你会那么多,那你的特长是什么呢?"

年轻人蒙了,不知所措起来。过了好长时间,年轻人红着脸问:"我答不上来,我好像没有擅长的东西。您呢,您能告诉我您的特长是什么吗?"

学者不慌不忙道:"我呀,我的特长是读书做学问呀!"

看着学者意味深长的眼神,这个年轻人好像一下子明白了什么,他站起身来恭恭敬敬地向学者行了个礼。

事例中的年轻人之所以没有一项特长,样样通,样样松,是因为他做事不够专注。只有专注于一点,才能所向无不利,才能让自己像宝刀一样锐利起来。

如何才能确定好目标并坚持不懈呢?这里面有怎样的学问呢?首先,为确定好目标,就要从众多的目标中选择一个最适合自己实际情况的目标。什么是最适合自己实际情况的目标?这需要具体情况具体分析,无论是从近期的状况考虑,还是从长期的发展角度考虑,确定的目标都应该是符合自己实际情况的。一定不能贪心,不能什么都想干,那样只会白白浪费时间和精力。

其次,为了让目标更切合实际情况,要学会根据情况,适当调整目标。虽然确定好的目标不能轻易更改,但不是说目标是死的、一成不变的。任何目标在实施过程中，都可能会出现一些与实际相背离的情况，这时，就需要根据实际情况适当调整目标，使目标更接近现实生活。调整后的目标要更加科学、更加合理、更加准确。

在坚持不懈地实现目标这个问题上，不但要付出一定的努力，而且需要一定的恒心和决心。努力是必需的，但恒心和决心同样不可少。因为目标的实现不是一蹴而就的，它需要一个过程。在实现目标的过程中，要保证无论遇到怎样的困难，经历怎样的磨难，都要不动摇，有决心、有信心坚持到底，这样才能迎来实现目标的那一天。

绝大多数成功者都是按照目标行动的人。在目标的指引下，他们知道自己要做什么，要到达哪里，每一步行动的真正目的是什么；与此同时，这样也能最大限度地提高办事效率，摆脱拖延的羁绊。因此，在有限的时间和精力下，我们一定要明确好自己的奋斗目标，并要坚持不懈地实施。

把握全局，培养战略眼光

生活中，只要你留意，就能经常看到这样一些人：他们整天都像风一样从这个地方到那个地方，表面上看起来，他们什么事都要做，即便在两件事的空当时间，他们也不能休息。可是到头来却发现，他们似乎什么都没处理好，还是留下一堆烂摊子,陀螺般地转了半天还在原地没有动弹。他们一事无成不说,连最基本的生活也打理不好,事业没做成,家人没顾上,朋友也没怎么联系,连运动也很少做……其实他们和拖延者并无区别,因为他们一旦发现行动方向有误,就会陷入糟糕的情绪中而延误时间。细究起来,这些人之所以会忙得毫无头绪,就是因为他们什么都想抓住,只关注事情的"点",而没有从全局的角度把控事情。

事实上,做事高效率的人都有战略性的眼光,在做事之前都会统观全局,进而做到游刃有余地进行工作,他们在找到行动的方向后都立即着手、决不拖延,进而能抢占市场先机。这是一个真实的故事:

尹先生在广州经营一家小公司,2008年金融危机期间,很多大公司都倒闭了,然而,相反的是,他的这家小公司却岿然不动,业务量骤增。这一点,让很多同行产生了巨大的疑问。

一次和朋友聚会时,席间一个同行经销商谈到他们的业务主要在珠江三角洲一带,金融危机对企业的影响很大。

"您的公司如何?"经销商问。

尹先生说:"受到美国金融风暴的影响,海外订单确实减少了,不过因为内地客户受金融风暴的影响小,反而通过网站为企业带来了稳定的订单。"

这位经销商豁然开朗,要求看看尹先生所说的网站是什么样子。由于这家公司是生产连接件产品,该产品比较细小,他们便在对网站策划时特别增加了产品放大镜功能,能帮助访问者更加详细地了解产品的细节。在使用恰当的推广方法后，网站为尹先生的公司带来了理想的业务量。

在人人自危的金融危机期间，尹先生的小公司为什么能岿然不动？这得益于他利用企业网站和网络营销，帮助自己的企业免遭金融风暴的影响。可以说，尹先生就是一个懂得在大形势下总揽全局的人，而且他的做法还能为其他企业指明新的发展道路。

可见，做任何一件事，我们都应该学会用战略的眼光看问题，树立战略观念，才能让我们从大处着眼，避免眉毛胡子一把抓和延误时间的问题。所谓战略就是指重大的带有全局性或决定性的谋略。战略观念的核心问题就是如何处理长远利益和眼前利益、局部利益和全局利益的关系。正确的战略观念来自实践，事物是不断发展的，所以战略观念离不开发展。战略观念和"因循守旧""不求进取"，是相互对立的。

总之，我们若想成为充分利用时间工作，不"瞎忙"的人，就要提高战略思维能力；同时，最重要的一点是，一旦我们的行动有了方向，便产生立即去做的动力。

找到痛点，及时止痛

在做事时，我们常常提到效率一词。那么，什么是效率呢？所谓效率，是单位时间内完成的工作量。然而，衡量我们做事成绩的，并不是效率，而是效能。通常，效益是衡量效能的依据。也就是说，效能比效率要重要得多。我们不难想象，克服拖延症的目的也是提高效能。然而，我们经常看到的是，为了提高做事效率，人们会建立一套完备的时间管理体系，制定大量的工作目标、操作准则和行为标准，而事实上，我们的行为正是被这些所谓的规划约束了，工作效能也降低了。

海尔总裁张瑞敏曾说："我感觉在企业里最难的工作就是把复杂问题简化，如流程再造就是简化流程。但为什么做起来很难？关键是领导！领导只要看不到问题的本质，就简化不了流程，就事论事，会越办越复杂。"通用电气原董事长兼CEO杰克·韦尔奇先生曾经就管理问题提出一点："管理效率出自简单。"张瑞敏和杰克·韦尔奇先生的这两句话不仅适用于管理工作，更适用于人类的思考活动。

人们在学习和做事的过程中，只有做到化繁为简，摆脱传统思维的限制，才能一针见血地找到问题的关键。任何复杂的现象，复杂的只是表面，其实都有其一般性的规律，都可以找到简单的分析、处理方式。这就是化繁为简的过程，这个过程需要找寻规律，把握关键。你是不是曾经有过这样的做题经验：遇到一道数学题，你告诉自己一定要演算出来，当算出结果的一刹那，你发现，原来答案和题目之间只要进行一个简单的思维转换就可以，而你在这道题上却花费了很长时间。试想一下，假如这是一道考试题，那你是不是浪费了很多时间呢？

因此，在生活中，你就要训练自己凡事从简单出发的习惯。在做题和做事时，多问问自己："还能简单点儿吗？"找到最简单的方法，做事的效能也就高多了。

然而，要把复杂的事情简单化绝非易事，需要我们进行一次彻底的心理革命，尤其是我们要调整自己看待问题的眼光，也就是一针见血地捕捉问题实质的能力，从而较快地寻找到时间管理的本质和规律，掌握化繁为简、以简驭繁的思想和技巧，深刻认识管理的核心要义。

具体来说，你需要做到：

1.把握关键

这需要我们以发现规律的眼光，找到事物的本质，然后以战略的眼光去感知、把握和运用规律。只有这样，才能运筹帷幄。

2.简约高效

真正高效、简单的运作才是有意义的，因此，你需要把复杂的问题简单化，在多种矛盾中驾驭主要矛盾，从而提高效率。

3.简中求变

你必须学会不断创新，以适应激烈的职场竞争。

另外，我们还需要注意的是：化繁为简并不是说可以不注重基础与细节。

每个人在做事和学习时都应该养成孜孜不倦、一丝不苟的习惯，注重细节很重要。因此，我们这里说的思维上化繁为简并不是要你凡事投机取巧，而是应该摒除烦琐思维的限制。

可见，简化管理并不是不管理或懒管理，而是一种追求系统化、规范化、细节化、流程化的管理思维和实践，在复杂精细和简单实用之间找到一个有机的结合点，跳出为管理而管理的怪圈，实现由高效率到高效能的转变。

总之，聪明的人会在最短的时间内，在花费最少的精力的前提下解决问题。如果你也能训练出这样的思维，你就能少走很多冤枉路。

设置时限，把目标量化

量化目标，或者说将目标量化，有利于人生梦想的实现。虽然人生梦想往往看起来遥不可及，无法做到一蹴而就，但是如果将人生梦想这个大目标拆分成一个一个小目标，实现起来就容易多了。当一个一个小目标实现后，大目标看起来也就不再那么遥不可及了，实现起来也就不再是痴人说梦了。

相反，如果不将大的目标量化，目标就会太过遥远，实现的希望就会渺茫。在实现目标的过程中，如果遇到挫折就很容易想到放弃，梦想将随之破灭。德国文豪歌德曾说："

向着某一天最终要达到的那个目标迈步还不够，还要把每一个步骤看成目标，使它作为步骤而起作用。"

山田本一曾是一名名不见经传的田径选手。1984年，国际马拉松邀请赛在日本东京举行。在国外种子选手的耀眼光环下，代表日本参赛的山田本一是那么不起眼，但是赛事结果却让人大跌眼镜：山田本一奇迹般战胜了其他几位种子选手，夺得了大赛冠军。当被问及取得冠军的秘诀时，山田本一只说了一句话："以智慧战胜对手。"

这样的回答出乎人们的意料，因为在大多数人看来，马拉松赛考验的是人的体力和意志力，要有足够好的身体素质，才有可能取得好成绩，与智慧好像有点儿远。虽然这句话让媒体和大众很迷茫，但山田本一却只说了这么多。

两年后，山田本一又一次代表日本参加了在意大利米兰举行的国际马拉松邀请赛。这一次，山田本一又一次力挫群雄，赢得了这次赛事的冠军。如果说第一次山田本一可能侥幸取得了第一，但第二次又取得了冠军，就不能再以侥幸来解释了。山田本一接受采访时，又以"以智慧战胜对手"解释了此次夺冠。虽然媒体多次追问，但山田本一依然没有多做解释。

多年以后，山田本一在自传中道出了自己取胜的秘诀，他是这样说的："在刚开始参加赛事训练时，我并不十分清楚该如何训练，一心只想使劲儿往前跑，目标就是前面40多公里外终点线上的那面旗帜。但是，我仅仅跑了十几公里后，就感觉非常疲惫，一想到目标还远在前方，我感觉身心更加疲惫，几乎支撑不下去了。后来我改变了策略，在比赛开始前，我先去看一看比赛的线路，找出沿途比较醒目的标志，并用心记下来……在比赛的时候，我先奋力往第一个标志跑去。在跑过这个目标后，我会再用力向第二个目标跑去。就这样，在40多公里的赛程上我一直保持较快的速度向下一个目标跑去，直至到达终点，胜利就这样到来了。"

看来，在实现远大目标的过程中，将目标量化是非常有必要的，它起着十分关键的作用。

除了需要将目标量化外，还需要给目标设定一个实现的期限。如果不给目标设定一个实现的期限，那么目标就可能被拖延下去，甚至可能永远无法得以实现，那样目标就永远成了目标。

张梦是西南财经大学的高才生，学的是会计专业。大三的时候她想考一个注册会计师证。注册会计师在就业方面非常吃香，相对应地，注册会计师考试也非常不容易通过，需要考"会计""审计""财务成本管理""经济法""税法"等科目，不但涉及面广，而且难度大。张梦买来了一大堆资料，准备开始学习。可是大三的课程很紧张，还要准备写年度论文，好不容易有一些空闲时间，她又觉得不能这样亏待自己，该休闲就休闲，于是又和同学去市里逛逛商场，参加一些聚会。就这样，大三很快就过去了。

大四的时间更宝贵了，既要准备写毕业论文，又要实习，还要想毕业后找工作的事。因此张梦觉得自己更忙了，偶尔有一些空闲时间，她又懒得去翻那些厚厚的资料，她把考注册会计师的事推到了毕业后。

毕业后找工作的事被提上了日程，张梦很幸运地被一家大型证券公司选中。她在这家公司工作了四年，积累了丰富的经验。四年后，这家证券公司的财务总监离职，张梦觉得自己有希望被提拔，可是公司的人事部门规定，这个职位必须由有注册会计师证的人来担任。

张梦的梦想破灭了。从她大三打算考注册会计师证时开始算起，到现在已经五年多了，期间虽然时间有些紧，但也不是没有空闲时间，张梦总是给自己找借口，以至于将此事拖延到现在也没有实现。与她同期进入公司的另一个年轻人在这次岗位角逐中胜出，坐上了财务总监的位置。他告诉张梦，他也是在大三的时候有了考注册会计师证的打算，他给自己设定了四年内一定要考取的期限，一步步迈进，最终成功考取了注册会计师证。张梦却没给自己的目标设定期限，以致一拖再拖，最终原本可能实现的目标不了了之，梦想也就此破灭。

在没有时间限定的情况下，我们会轻易找到各种拖延的借口，如："反正没有时间限制，早一点儿、晚一点儿无所谓，我们还是出去转一转吧！""明天再做也不迟，晚一点儿完成而已。没有什么大不了的。"事情就这样被拖延了下去。

事实证明，当我们给目标设定一个合理的期限时，就有了检查自己进度的标准。在了解进度情况的基础上，结合实际情况适时对自己的奋斗方向做出正确的调整，目标就会越来越近，目标实现的概率也就会变大。

拖延是人的本能，不将目标量化，不设定合理的实现期限，拖延也就找到了一个滋养的空间，会快速成长起来，然后将你拖进拖延的泥潭，你的梦想也就真的成了空想。

分步完成大目标

目标的实现是一个循序渐进的过程，需要从现在到未来，从低级到高级，从小目标到大目标，逐层推进。

通过前面的论述，我们已经清楚制订目标是实现目标的前提。如果已经制订好了长远目标，就要将这个长远目标量化，也就是将其拆分成各个合理的小目标，然后努力实现各个小目标，最终达到实现长远目标的目的。

目标的分解事关长远目标能否顺利实现，并非想象中那么简单，这里面有很深的学问。人生梦想就是一个长远目标，要想实现它，也要将它逐层拆分，直到明确具体该做什么为止。大致是这样一个过程：首先将自己的梦想明确化，使之成为你的人生总体目标；然后将这个总体目标拆分成几个五年或者十年的长期目标；接着将这些五年或者十年的长

第七章 目标明确才能立即行动

期目标再拆分成若干个两三年或者三四年的中期目标；以此类推，直到将每个目标拆分到每周或者每日的目标，这样才算完成了拆分。

2008年，朱明旭毕业于浙江大学管理学院，一毕业他就进入杭州市一家大型公司，成为这家大型公司的一名普通职员。朱明旭是一个很要强的人，刚进入公司，他就为自己设定了一个长远的目标——他要成为这家大型公司的总经理。

在这个目标的鼓舞下，朱明旭开始努力工作，每当疲惫不堪时，他就会拿出这个伟大的目标鼓励自己，让自己重新振作起来，继续投入工作中去。时间一长，朱明旭发现一个问题，那就是公司的大部分员工都比自己入职时间长，有的员工入职已经五六年了，还只是一个普通职员。这让朱明旭感到有些灰心丧气，觉得自己的那个伟大目标没有了希望。慢慢地，他的工作激情开始减退，做事变得拖延起来。

一次偶然的机会，朱明旭幸运地读到了一篇关于将长远目标合理拆分的励志文章。他从文章中领悟到一个道理，那就是要将长远目标进行合理拆分才能让目标得以顺利实现。获悉了这一道理后，朱明旭精神大振，他将自己要当公司总经理的目标进行了拆分，变成了多个小目标。比如，一年内当上小组长，两年内成为部门主管，三年内成为公司副总，直至当上公司总经理。

从此以后，朱明旭工作热情更加高涨，做事更加卖力，积极解决问题，与同事和谐相处，上级领导将这一切看在眼里。半年时间过去了,朱明旭如愿当上了所在小组的小组长。朱明旭一如既往地勤奋工作,以一种高昂的、积极向上的情绪面对工作。很快,他又被提拔为部门经理,而且比他预想的时间还要提前。

就这样,朱明旭一步步从一名普通职员升迁到公司总经理的宝座,最后成为这个公司最年轻的总经理,他最初的伟大目标如愿以偿。

朱明旭的成功得益于他将长期目标进行了合理拆分,在成功实现了一个个小目标后,不急不躁,继续稳步前进,最终各个小目标累积成了大目标,成功就是这样一步步赢取来的。

拆分长期目标要讲究一定的方式、方法。常见的拆分目标的方法有两种:一种是"多权树法",另一种是"剥洋葱法"。这两种分解方法都比较形象。

从字面上理解,"多权树法"是类似树干、树枝、叶子的分类法,可以这样通俗地理解:一棵枝叶繁茂的大树,高大的树干是人生大目标,它上面分散四周的大树枝代表次一级的小目标,大树枝上的小枝代表更次一级的小目标,而树枝上的叶子则为最基本的小目标,是现在需要去做的每个切实的事务。

大目标是由小目标组成的,它们之间存在着逐层递进的逻辑关系,大目标实现的前提是实现小目标。只有将小目标实现了,才有实现大目标的可能。

在明确了大、小目标的逻辑关系后，可以将自己的人生大目标画成一个树干的形状，然后找出实现这个人生大目标的必要条件和充分条件，以枝干的形式将它们画在树干上，作为大目标的次一级小目标。接着找出实现次一级目标的必要条件和充分条件，再将它们以树干的第二级树杈的形式在第一级树杈上画出，这些小树杈就是再次一级的小目标。这样以此类推，直到目标不能拆分为止，最后画上树叶。至此人生目标这棵枝繁叶茂的大树绘画完成。

为了验证这样的拆分是否具有实效性，可以采用倒推法，即从树叶开始往上推，树叶到小树枝，小树枝到大一些的树枝，再到更大一些的树枝，直到大树的树干，看是否有合理的逐层递进的逻辑关系。确定有逐层递进的逻辑关系后，再试问如果这些小目标都实现了，那么大目标能否实现。如果确认能实现小目标，大目标也毫无疑问会实现，那就说明这个拆分成功了。如果不能得出这样的结论，则说明有遗漏的次级目标。这样的话，应该继续补充被遗漏的树枝，也就是次级目标，直到大、小目标合理的逐层递进的逻辑关系清晰地体现出来才算成功。

同"多杈树法"类似，"剥洋葱法"也是逐层将大目标分解的方法。整个洋葱代表最大的目标，一层层的洋葱片代表一级一级的小目标。从外面剥起，里面一层比外面一层小些，代表一层一层逐级分解，直到把看似难于实现的大目标分解成具体的事务为止。具体到什么程度呢？具体到现在应该干什么，明天应该干什么，才算分解完成。

　　目标具体化了，就可以马上着手实现梦想了。先从最切实可行的具体任务开始做起，一步一步从小到大逐层实现目标，最终实现人生梦想这个长远目标。

第八章

加强时间管理，让拖延无机可乘

小心拖延设下的时间陷阱

时间陷阱是指在时间管理中，那些占用你宝贵时间却又不引起你注意的事。这些时间陷阱有极大的伪装性，如果不注意，人往往就会被不知不觉地拖进去，而宝贵的时间也就悄然从你身边溜走。

生活中，这些时间陷阱你可能视而不见、司空见惯，但你越是不注意，浪费时间的情形就越严重，因此一定要提高警惕。下面是生活中常见的时间陷阱，要引起注意。

1.办事犹豫不决

何荣在某家公司刚刚进入工作状态，处在喜欢的行业，工作上做得顺风顺水，对待遇也比较满意；人际关系上，和同事相处也非常融洽。这时，一个非常不错的公司向何荣抛来了橄榄枝，职位和待遇都比现状要高一级，但却是一个他不太喜欢的行业。为此，何荣天天晚上辗转反侧，难以入眠，反复权衡两者之间孰轻孰重。前一天觉得，应该做自己喜欢的工作，否则每天愁眉苦脸地上下班,将会是一种莫大的煎熬。过了一天又想:人怎么能只活在舒适中呢?如果舍不得去挑战更难的事情,那可能会一辈子原地踏步,没有前途。于是主意天天变,最后他新公司没去成,现有的工作也没做好。

很多人在做出选择和决策前,常常犹豫不决,迟迟不做出决定,这样势必会浪费时间。在做事过程中,犹犹豫豫也必然会影响工作效率,导致效率不高。做事稳重的人的不足之处就是决策力不够,对问题总想考虑得越周到越好,总想等时机成熟了再动手操作,然而很多事情就这样悬而不决,结果往往是错过了做事的好时机。

通常这类人会过多地忧虑未来,就是把很多时间用于计划过于遥远的事,而对眼前的事则认为已成定局,因此会放弃做眼前的事。这样的做法只会养成迟疑、拖延的坏习惯,致使原本就缺少的果断、爽快的行事风格丧失殆尽。

通常用在一个困难的决策上的时间越长,做出决策会变得越困难,而且当最终不得不做出决策时,你会发现解决问题的良机已经过去了。

2.做事漫不经心

时间如此宝贵,但是有些人却偏偏做事拖拖拉拉,随便打发时间。"做些什么呢?真无聊!"是他们的口头禅。

列夫·托尔斯泰是俄罗斯著名作家,代表作有《安娜·卡列尼娜》《战争与和平》等,他成名后,上门采访和约稿的人很多。起初列夫·托尔斯泰答应给几家媒体写稿,但马上就到截稿日期了，列夫·托尔斯泰却还没有上交稿子。有人来到他家里，发现他正悠闲地散步，见到来者，他说他最近迷上了散步，每天都在散步上花费很多时间，有时也会陪小孩子做游戏。来者催稿，列夫·托尔斯泰说："不是我不写，只是没时间啊，我每天都写稿写到深夜，之后病倒了，医生建议最好减少写稿子的时间。"

列夫·托尔斯泰的说法只不过是借口，他的健康问题不是因为写作时间太久，而是由于做事拖拖拉拉，所以不得不深夜赶稿导致的。

生活中，因漫不经心导致时间被浪费的事情随时随处都在发生。比如，因为乱放东西，当再一次需要该东西的时候，就会花费很长时间去找；因为粗心大意记错了时间，耽误了该办的事；本来是要去某地办事，路上看见一群人在争吵，在好奇心的驱使下，凑过去看看发生了什么事；正准备工作，听同事们在讨论昨晚的足球赛事，于是也凑了过去等。你的时间就这样被看似漫不经心的事吞噬了，那些本该做的事也因此被拖延了。如果不想被那些可恶的漫不经心所拖累，不将本该做的事拖延下去，就要提高警惕，谨防漫不经心伪装的陷阱。

3.做事不知变通

有些人做事过于遵从固有模式，在依据的现实条件发生变化的情况下，还是按照原来已经不合时宜的方法做事，不知道变通。还有些人做事不分轻重缓急，"眉毛胡子一把抓"，往往导致重要的事没有完成，计划无法顺利进行下去。这些都是做事不知道变通的表现。宝贵的时间在这些僵化的办事方式中悄然飞逝。

做事要知道变通，当现实的条件发生变化时，做事的方式也要随之变化，以适应现实需要。当有很多事要处理时，要分清事情的轻重缓急，优先处理那些最重要、最需要马上解决的事情，还要推掉那些不必要的邀约和可有可无的会议，节省出精力和时间去做更重要的事。

4.做事事必躬亲

生活中有一类人就好像穆桂英，什么事都要亲力亲为。当然，这里说的"事必躬亲"，不包括那些必须也应该融入其中的事，而是指不必亲自去做的事，如孩子已经七八岁了，可以力所能及地做一些事，而一些父母却越俎代庖，代替孩子做这做那，结果造成大人劳累不堪，孩子缺乏独立生活能力。工作中，身处领导地位的你，独揽权力，操办一切，大事、小事都要由你做决定，每天忙忙碌碌，而你的下属无权独立处理问题，经常无所事事。这样的话，你疲惫不堪，而且并不见得能够处理好所有的事情，一些重要的事可能被耽搁、拖延了下来，同时那些被你架空权力的下属可能还会对你心存怨恨，在他们看来，他们的时间也被你浪费了。

事必躬亲者缺乏时间管理的艺术。拿事必躬亲的领导来说，他们只看到节省时间于一时一事，只看到自己动手可以免掉督促、检查和交代的时间，但没有看到一旦别人去做，那么再碰到类似的工作时，就可以不再亲自动手，最终会为自己赢得更多时间。因此要想提高工作效率，让事情有条不紊地进行下去，就要打消事必躬亲的念头，适当放权，让别人替你分担一部分工作。

5.顺着喜好、欲望行事

每个人都有自己的兴趣和喜好，喜欢按照自己的喜好和欲望做事，并且乐此不疲，这种行事风格在年轻人中十分盛行。比如看自己喜欢的小说导致忘记了要完成的作业，忘记了还没有完成的工作任务，甚至忘记了喝水、吃饭。在工作中，如果有几件事摆在面前由你选择，那么你往往会选择自己感兴趣的事，有时候就忽略了它是否紧迫和重要。

夏伟的好朋友于泽是一个生活非常"随心"的人。拿上班来说，大学毕业至今的六年里，他换了十几份工作。每次刚到新单位上班不久，于泽就会因为一件小事或者公司的某一个小制度不合理，而产生无限的抱怨，不是说自己怀才不遇、倒霉透顶，就是讽刺老板开公司是走了狗屎运，说这样的人不配做老板。有一次，他竟然在上班才一个月时，就和老板公开大吵了一架，结果一分钱都没拿到就不干了。夏伟有时会戏谑他："你都毕业好久了，还跟学生一样啊，冬天放假一个月，夏天放假两个月……"于泽不以为意，还是依照自己的喜好，不喜欢就辞职，换工作的次数比买衣服还要勤。

这种行事风格固然满足了你的喜好、欲望，但是常常会使你掉进时间陷阱，把一些该办的事耽搁了，造成整个计划的拖延。

要想避免这种因顺着喜好做事导致的拖延，就必须努力培养自我约束能力，增强抵抗喜好、欲望诱惑的能力，力争改掉不良嗜好。虽然有些事是自己喜欢做的，但只要不比其他事情紧迫和重要，就应该毫不犹豫地放下它。虽然一些事情已经开始做了，并且感觉很愉快，但是该结束的时候一定要适可而止，否则，肆意顺着自己的喜好行事，会导致距离该做的事情越来越远。

6.过度注重社交礼仪

现代生活中，人际交往越来越频繁，越来越重要，也越来越引起人们的重视。正因为如此，人们花费在社交礼仪上的时间也越来越多。机场、车站、码头的迎来送往，宾馆、酒店、会馆的握手言欢，这些社交礼仪虽然有它的必要性，但如果过度，势必会造成时间上的浪费，一定要谨防这些时间陷阱。

对一些客套、例行公事的可有可无的社交礼仪，要适当简化，注重实际；工作性的会晤要少些客套，尽快进入实质性问题的商议；在谈话中，减少那些漫无边际、天南海北的闲谈，对一些意义不大的话题要不失时机地选择结束。

另外，不妨学一学古代那些有成就的人。这些有成就的人为了逃避不必要的社会交往而幽居，或者"闭门谢客"，以求能节省出更多的时间用来学习和工作。如果缺乏逃避的勇气，沉溺于应酬、客套之中，一些学习和工作就会一再被打断，重新开始时，拖延和低效率将不可避免。

知道生命紧迫，才能更高效

现在网络上流行一句话："你现在过的每一天，都是你生命中最年轻的一天。"想必没有人看到这句话不感到突然的震撼以及对时间流逝的感慨，然后会尽力在当天多做一两件有意义的事。这就是生命的紧迫感给我们带来的影响力，巧妙利用它，能让我们的人生更加高效。

如果问你人生最宝贵的是什么，除了健康之外，挂在嘴边的恐怕就是时间了。上学时，古文里的"逝者如斯夫，不舍昼夜"，让我们知道了时间是多么宝贵的东西，同时也让我们感觉到了时间的无情——一刻不停地走，不会和人有任何商量。

长大后，我们步入社会，踏上了工作岗位，这时我们会经历人生除了高考之外，时间如金子的时代，就是工作的这几十年。我们在上学时期，除了生活中的必要活动外，如吃饭、睡觉等，剩下的时间里就只有一件事：学习。即使觉得时间紧张，但也没有其他事来分走时间。但工作后就不同了，上班只是我们生活的一部分，我们还要花时间和家人相处，要去谈恋爱、准备成家，还要参加很多工作上的应酬。当你结婚有小孩后，生活会更加忙碌，甚至会让你紧张得透不过气来。这个时候，人与人之间比的就是时间、就是耐性，如果你放弃了，那很快就会被落在社会大潮的后面。

有一个新婚的女人，把原本好好的工作辞掉了，在家里当家庭主妇。朋友见她把好工作放弃了还一点儿都不在乎，纷纷问她是不是有宝宝了。她摇摇头说自己不会这么早要宝宝。

"那是有其他的事情要做吗？还是要和老公趁着新婚到处玩玩？"被人这样问的时候，她也摇头说不是，丈夫没有那么长的假期。

那到底辞职做什么呢？她的答案让很多人都无法理解：在家里休息。可年纪轻轻的，28岁，每天躺在家里休息，是不是太浪费生命了？她的回答也很奇特："我工作得有点儿烦了，就是想在家休息一段时间。"

可一年过去了，她还是在家待着。无事可做的时候，她也很少回娘家或者去婆婆家，也不跟朋友出去玩，也没有十字绣一类的宅在家里的爱好。她每天除了做饭和打扫屋子，剩下的时间就在沙发上躺着。开着电视也只是为了有点儿动静，她几乎不看，只是趴着翻手机，常常一翻就是两三个小时。

好朋友劝她："女人还是出去上班比较好，尤其是年轻的女人。人一在家待得多了，不修边幅，没有工作时的魅力，很难想象她会过得越来越好。况且当今社会发展迅速，过一两年再去上班，或许所在的行业已经发生了巨大的变化，自己已然无法再跟上了。"

可是不管好朋友怎样苦口婆心地劝她，她依旧不以为然："我工作好几年了，也该歇歇了。再说以我的能力，就算休息两年也没什么，很快就能把职位争回来，把钱挣回来。"朋友见状，只好不再说什么。

又过了一年，她30岁了，再想找工作时，人家都以公司满员为由婉拒。因为没有哪个公司愿意接受一个休息了两年再来上班的人，他们觉得这样的人往往随心所欲，很难保证其会对公司忠诚。后来，她实在没有办法，原来的职位让人"抢"走了，别的公司暂时还不愿意让她去做主任，她只能在一个印名片的工作室里，做一个经理助理，月薪也比原来低了很多。

这样的人，就是没有生命紧迫感的人，觉得自己休息两三年没什么问题，自己有很多个两三年。但是，你年轻力壮、头脑机灵、能够快速学习成长的两三年又有几个呢？此时休息了两年，那么当你再想回到竞争的浪潮中时，你可能必须花两、三倍的时间，才能把自己丢掉的追回来。这岂不是得不偿失？

可见，人不能活得太随意，即使对人生没有太大雄心，也应该对生活怀有敬畏之心，好好地生活。假如你对生活失去了动力和激情，也想休息一年半载，你要告诉自己：生命是紧迫的，是一列前进中的火车，一旦下了车，就再也回不到原来的状态了。

我们也可以用这几年非常流行的倒推法来向自己证明生命有多么紧迫。比如，你今天26岁，工作刚满两年，你和男友决定在29岁结婚，30岁要宝宝。所以对于肩负生育重任的你来说，一定要在30岁之前，就在事业上有所作为，最好能升到主管的职位。如果想在3年左右升为主管，根据公司规定，业绩要在一年内四个月以上处于公司的第一名，并且升职考核能顺利通过。当然，其他员工也要对自己有所支持。这三个目标，不是轻易就能完成的，每个目标分摊在一年里，也是足够让人忙碌的。想到这些，你就一定不会出现休息、休整的想法，你会觉得自己的职业生涯才刚刚开始，还没有资格做长时间的休息。

俗话说，一个人的压力可以转化为动力。当你没什么压力，开始变得轻飘飘的时候，就要立刻给自己上一课，让自己再次清楚社会的压力，不知进步的后果。生命的紧迫感，就是一种无形的压力，它会让你动力满满，不至于在一点儿小成绩中迷失自己。

所谓生命的紧迫感，其实就是你感觉到时间流逝之快，并清楚地知道自己还有很多事情没有完成。这样粗略计算，就知道看似漫长的生命，其实有多么短暂了。每当你对生活厌倦时，对工作感到不满时，就做一个这样的减法，相信你会在这时懂得生命的短暂和宝贵，从而再次振作起来。

将时间碎片集中利用

有人说，管理时间等于管理生命。若不能管理时间，就什么都管理不好了。假如失去了财富，可以努力赚回来；假如失去了知识，可以再学。健康也能够靠保养与药物来重得，但时间却是一去不返。最稀有的资源即时间。我们都要学会做时间的主人,尤其是那些拖延者,善用时间尤为重要,而要做到这一点,首先就要学会最大限度地利用空余时间。其实,这如同"小额投资,足以致富"的道理一样,利用空余时间也是提高做事效率的捷径。可以说,古今中外,大凡有所成就者,都是善用空余时间的高手。

1849年,在一艘从意大利的热那亚去英国的船上,当所有人都在喝酒作乐、尽情享受海上航行的时候,恩格斯却坐在夹板的角落里,不停地在一个小本子上写写画画。原来,他是在研究航海学,他在本子上记录的是太阳的位置、风向以及海潮涨落的情况。

智者总是劝我们珍惜时间,努力充实自己,而我们常常称自己没时间。有人曾经算过这样一笔账:只要每天临睡前挤出15分钟看书,一年就能读20本书,这个数目是可观的,远超世界上的人均年阅读量,但这并不容易实现。

事实上,我们的空余时间并不少,关键在于我们怎样利用,对此,我们可以这样做:

1. "一心几用"

也就是说,有些事是可以同时进行的。例如做饭、遛弯散步或上下班的路上都能够适当地一心几用。不少人在做饭时仍能思索工作问题,有的人还会准备好笔和纸,一边做饭,一边构思,一旦发现什么新的想法,立刻记录下来。

周末的早上,你是否经常这样:慵懒地从床上爬起来,坐到桌前,然后嘴里嘟囔着今天该干些什么,事实上这已经是在浪费时间了。你完全可以在洗脸、刷牙、吃早餐时想这些事。

也许你会为自己辩解说：做事不是应该一心一意吗？确实，对于读书这类需要高度集中精神的活动，我们应该专心，但一边等公共汽车，一边看报，似乎这样也合乎情理！至于在何种情况下一时两用、一心两用，必须由你自己来决定。在这个高速发展的社会，同一时间能做两件事的人，将越来越受到欢迎。

2.充分利用等待的时间

我们每天都有大把的时间是在等待中度过的，比如排队、等车、等人等。有人粗略计算过，我们每天花在等待上的时间绝不会低于30分钟。其中在上班的路上就会有10多分钟，而一个月，累计就是300多分钟，5个小时的时间。

等待是让人难受的，尤其是当我们还在赶时间的时候。周遭的一切似乎都变得缓慢起来，而假如你能充分利用这点儿时间，不仅对你的知识储备量和事业有益，而且对你形成良好的性格和维护情绪都有很大的好处。

比如当我们在旅途时可以看看小说，看看感兴趣的书报，背诵外语单词；当我们在排队或等待理发时，也能抓紧学习，那么我们将有所收获。又或者，在我们去公司的路上，一方面可以在这些时间里想一下工作的计划与细节，另一方面想想每天计划表中应该做的事情，这样一到公司就可以立刻进入工作状态，省去了预备的时间。而在下班的路上，我们可以总结反思一天工作中有哪些该做的事情没有做。你也可以利用上下班的时间，用耳机来学习英文。很多人总是抱怨没有时间学习，但如果每天上下班时间能背上10个单词，一个月下来也是一笔不小的财富，所以这些宝贵的时间一定都不可以浪费。

3.反其道而行之

不难理解，反其道而行之，就是在别人做事时你不去做，等没有人做的时候再去做，这样就避开了某些活动的高峰期。比如午餐时间，楼下的餐厅里挤满了人，假如你能晚去半个小时，你就会发现那时候的人非常少了。

在很多大城市，交通拥堵是常见现象。上班的时候，你可以试着提前一个小时到公司。

4.用好下班前的5分钟

很多人快到下班时心就飞了。其实，下班前的5分钟正是"黄金时间"，用好了就能起到"承前启后"的作用。若你以前的下班前5分钟总是无事可做，从现在起不妨试试下面的几条建议：

（1）整理备忘录。备忘录是一天的工作摘要。一天的工作内容多半杂乱无章，在工作结束前整理它不但能掌握当天的工作进度，也便于日后查阅。

（2）检查工作进度表。当天要进行的项目，完成与未完成的都要做记号，对未完成的项目要做到胸有成竹。

（3）拟定次日的工作表。把当日工作表检查完，之后列出次日要进行的工作项目，拟定工作表。此时可参照备忘录，以防疏漏。

（4）办公桌要整洁。下班前将办公桌整理得干干净净，才算真正结束一天的工作。

总之，如果你觉得自己总是时间不够，那么，很有可能是你浪费了大把的空余时间，是时候该反省自己的时间管理方法了！

不要浪费零碎时间

随着时代的进步，人们对时间的意识和控制也越来越强，拖延者们也在努力寻找自己做事效率低下的症结所在。但无论如何，善于管理时间的人绝对不会浪费每一分钟的时间。实际上，那些常被拖延者们忽视的零碎时间，如果我们能将它们串联起来，是能发挥很大的效用的。

据统计，人的一生中除了三分之一的时间用于工作，三分之一的时间用于睡眠之外，还有三分之一的时间就是所谓的零碎时间。零碎时间，是指不连续的时间或者一件事情和另一件事情衔接时的空余时间。这些时间虽然看起来非常零散，但是积累起来却是一笔非常巨大的时间宝藏。

三国时期的董遇是一个非常有才华的人，大家都对他的博学佩服得五体投地，很多人为此登门求学。但是董遇对每一个前来求学的人都会说这么一句话："读书百遍，其义自见。"那些求学者总是在一段日子后向董遇抱怨自己的时间少，看不了多少书，这时董遇就会告诉他们："当以'三余'，即'冬者岁之余，夜者日之余，阴雨者时之余'也。"

董遇所说的"三余"，其实就是日常生活中的零碎时间，古代的博学之士，能够将时间化零为整，最大限度地提升时间的利用效率。正所谓"汇涓涓细流方成浩瀚大海，积累点滴时间而成大业"。

与零碎时间相比，大块时间的脑力劳动其实更容易导致疲劳的积累，使工作效率受到很大影响。以学习为例，零碎时间的学习能保持大脑的兴奋状态，效果极佳。而且，如果你致力于学习，那么利用零碎时间学习一些必须熟记的生词、公式、规则等，有利于反复记忆，加深印象。利用零碎时间的技巧很多。比如，我们可以准备一个随身携带的小本子，记上要背的单词和知识点，有空就读一遍；在起床、洗脸、刷牙、就餐等活动场所的墙上，钉上一个和视线等高的小夹子，夹上一张卡片，卡片写上当天要背的单词、公式等；还可运用录音机，把要背的知识内容录下来，吃饭、洗脚的时候都可以听。总之，利用零碎时间反复记忆，不仅会明显提高我们的学习效率，还能培养分秒必争的好习惯。

不得不说，现代社会中的人都有很大的压力，除了工作还要学习、生活，真由我们自由支配的大块时间很少，因此，赢得时间就十分重要了。事实上，拖延者总是习惯于寻找任何可以偷懒的时间，因为他们认为那些零散的时间没什么用处。其实这些时间看似很少，但集腋成裘，几分几秒的时间，看起来微不足道，但汇在一起就大有可为。

我国著名的数学家华罗庚教授也经常利用零散的时间著书立说，他说："我用的是零布头。做衣裳有整料固然好，没有整段时间，就尽量将零星时间利用起来，每天二三十分钟，加起来可观得很。"将时间化零为整，然后精心利用起来，正是很多伟人成功的关键所在，非常值得我们在学习和工作中借鉴。

也许现在你已经发现自己每天有很多时间流失掉了，例如等车、排队、走路、搭车等，这些时间可以用来背单词、打电话、回邮件等。每个人一天的时间都是一样的，但是善于利用零碎时间的人，就能得到更多的益处。具体来说，把零碎时间充分利用起来，我们需要做到：

1.善于利用等待的时间

可能我们每天都会有这样一些时间是处在等待中的，比如等车、排队等。等待时间常让人觉得很无聊，如果你拿出平常准备的问题本进行回忆和思考，那么，经常这样，你的记忆力就会提高。

2.善于利用走路或坐车的时间

不少人上班都是乘坐公交车，这段时间内，你可以思考一些工作中遇到的问题，也可以背一些英文单词，关键是要有问题意识和善于思考的习惯。

3.善于利用睡觉前的时间

你可能也发现,当你躺上床之后,进入睡眠状态还需要一段时间。此时,你可以将这一天的工作、学习情况在大脑中回忆一遍,可以起到巩固和思考的作用。

"20/80时间管理法"

19世纪意大利经济学家帕累托发现:80%的财富掌握在20%的人手中。从此这种20/80规则在许多情况下得到广泛应用。其意为:在一个特定的组群或团体内,这个组群中较小的一部分比相对的大部分拥有更多的价值。在时间管理中,在优先顺序里,也有一个帕累托时间原则,也称20/80法则。

什么叫作"20/80时间管理法"呢?简单描述即是:假定工作项目是以某价值序列排定的,那么80%的价值来自20%的项目,而20%的价值则来自另外80%的项目。也就是说,工作和生活中,一些只占比例20%的事情,最后可能得出80%的成效,能够以80%的成效决定事情的结果;而另外占据比例80%的事情,虽然看上去很重要,但完成它们最终只会创造20%的效益,以20%的效益决定着事情的成败。

清楚了20/80时间管理法的定义后,我们很容易就能得到它给我们的启示:在做事情之前,要先将事情的各个要素做出比较,总结出哪些属于创造"80%"价值的范畴,哪些只有"20%"的重要性。划分好之后,我们就要优先做那些更重要的事情，把最好的精力放在解决这些问题上，完成好它们，就相当于做好了整件事情的80%，然后再做剩下的20%，这些只要细心地做好，就能把事情完美解决。这其实很像哲学上讲的抓住事物的主要矛盾，如果你看不清楚事情的关键在哪儿，只忙那些无关紧要的部分，那么最后你可能花了很多时间，却对事情没有丝毫帮助。

余锋就职于一家图书公司，主要负责历史类书籍的编写。这个月，余锋的任务是将《史记》中有代表性的故事挑选出来，改写成现代文。这看起来并不困难，但实际上难做的部分在于，出版社事先给出了一份目录，让余锋按照这份目录的结构来选文，目录分得特别细致，每章都有各自的具体要求，这就使得筛选文章成了一个比较困难的事情。余锋看到了这一点，但他还是觉得，书籍编写得好不好，主要看文笔。于是，他在描写和叙事上非常下功夫，并不注重找文章。结果导致他常常写完一个，下一个又没有着落了；有时写完一篇故事，发现下一章的主题更加适合这一篇，于是又重新改动文章，让主题变得准确，放到下一章去。这样写了一周后，余锋只写了全书的十分之一。这与公司规定的进度相差很远。

眼看交稿时间越来越近，余锋有点儿着急了。实在没办法，他找到主编说出自己的苦恼。主编给他的建议是，先根据每章的目录来选《史记》里的文章，找出规定数量的文章，并且拟定标题，放到各个章里。虽然前期找资料要花去很多时间，但却可以减小放错主题的错误率。而且，找文章是这本书的重中之重，文章找得合适，后面进一步撰写将会特别省力、省时。"

余锋听取了主编的建议，立刻改变了方式。果然，他很快就将文章全部找齐，然后进入了撰写环节。这次，他在写的时候发现，原来犹豫不确定的障碍消失了，效率大大提高。

另外，20/80时间管理法也表明了这样一个道理：做一件事情时要十分专心，一次只做这一件即可，因为它可能左右着整个局势，做好了它，事情就成功了一大半。

生活中，我们可能经常犯"心猿意马"的错误，有时明明知道一件事很重要，但每当做这件事时又觉得很难完全集中注意力，或者事件本身并不吸引我们，于是边做边想着别的事情："今天晚上吃什么""小芳上次跟我说的话是什么意思""我妈再催我结婚我怎么应付"，又或者会想："昨天看的那个电视剧真的很有意思，今天应该更新了两集，我什么时候看呢？"常常想着想着，就身不由己地打开了视频，看起了电视剧。刚看的时候也许下定决心："我只看10分钟，看看那个女生到底答应了男主的求婚没有。"可往往越看越停不下来，直到把一整集看完，有时甚至还会无法控制地点开下一集、再下一集。

有时，我们还会一边做重要的事情，一边想赶快去做其他的小事。比如，我们可能会想："昨天发给集团客户的邮件不知道那边查收了没有，我得查看一下，万一领导问起来我好回答。"于是，停下手头的工作，打开邮箱去看对方有没有看过。我们还可能会想："我早上做了一份计划表，现在有几件事已经做完了，我得去划掉它们。"然后拿起本子来看计划，划掉做过的之后，又会顺便盘算一下明天的计划，再列出来。又或者想："我短信通知小雨参加老同学下个月的聚会，她一直没回复，到底知道了吗？她不会正巧电话欠费没有收到吧？"然后，又赶紧给小雨打了个电话，说完正事再叙叙旧。这样不知不觉，时间就白白流失了。

所以，当我们开始着手做一件重要的事情时，最好把其他的杂事暂时忘掉，或者想个办法让自己集中注意力，不被其他的事情打扰，比如可以把手机调静音、把聊天软件关掉。为了防止自己为小事分心，可以专门给小事安排出一段时间，把那些杂事在这段时间内处理完毕。总之，我们必须识别那占80%重要性的事情，然后把自己工作的重心放在这些事上。这样，时间才能被我们一点一滴节省出来。

也许对于一个新事物，你可能无法立刻分辨出哪个部分有80%的重要性，哪个部分看上去虽然占的比例大，实际的重要性只有20%。这就需要一些工作经验了。新手可以向前辈虚心请教，当然也要有自己对事物的判断。一般来说，如果能够多方面为事情做"体检"，就会知道它关联着什么，决定着什么，到底有多么重要。

为自己设置每日任务

如果你想提高自己工作的效率，要从哪里下手？相信每个人都知道，要从一个合理的计划开始。计划做对了，事情就等于完成了一半。然而可惜的是，很多人并不知道怎样做一个适合自己的、提高效率的计划。

当你每天下班时，对今天的事情处理的进度，以及明天要做的事情，有没有一个大概的计划？当你早上起床时，你会不会一边洗脸、刷牙，一边在脑中盘算今天做什么、怎么做？当你进入办公室，坐在桌子前开始工作时，脑子里对今天做事的顺序和每件事所用的时间，是不是有一个清晰的打算？如果这些问题，你的答案都是否定的，那么可以断定，你对现在的工作一定缺少激情，甚至相当厌烦。也可以说，你正在往退步的路上越走越远。

一个人先不谈是否要做大事、挣大钱，只说一天八小时的工作，要想做得井井有条，首先就必须有一个明确的计划。没有计划的工作，跟混日子没什么区别，是到公司就做事，到下班时做多少算多少。这样没有条理地工作，看上去好像自己的精神偷了懒，但实际上，损失最大的还是自己。

那么，在什么时候制订计划最合适，计划做成什么样子又最合理呢？一般来说，如果是一天计划的话，应该是在前一天下班时做好初步计划，因为前一天做了哪些事、还有哪些事没做，以及做事的基本效率，下班时都是最清楚的，这时简单归纳一下第二天要做的事情，是比较准确的。到了第二天早上开始工作之前，要再次确定一下全天事宜，一来看看有没有忘记重要的事情，二来应该大概分出每件事所需的时间，这样可以防止那些不太重要的事情占用太多时间，可以再次为提高效率做准备。

另外，如果你是一个记性不太好的人，可以把计划逐条写在纸上，做完一样划去一样，这样就不会忘事。如果一件不需要当天做完的事情却耽误了太多时间，那么就对照时间表，先跳过这一件事，去完成那些当天必须做完的事，之后再慢慢解决搁置的事。这也是提高效率的一个很重要的技巧。

不过还需要提醒的是，提高效率并不是急匆匆地做事，否则会导致事情做得潦草、粗糙，也很容易出错。提高效率的前提，是要把事情做好、做周全。不然的话，效率的提高也没有什么意义。

马姗姗的名字其实是"马闪闪"的寓意，父母在给她起名时，希望她能够成为一个做事迅速的女孩。可是，马姗姗的性格却从了"姗"——平时总是姗姗来迟，什么事情都要拖上半天甚至好几天才能解决。马姗姗的妈妈为此很后悔用了"姗"字，而没有用珊瑚的"珊"字。

不过后来，马姗姗的磨蹭被领导注意到了，领导只要看到她有拖拉的现象，就把她叫到办公室谈话。原来，马姗姗有一次把一个非常重要的合同给耽误了,本来领导叫她周一寄出去,她想到周一快递比较忙,叫了也要等上半天,就拖着没叫。到了第二天,她忙着改自己的工作总结,心想下午再寄,谁知她把合同放到抽屉里,下午就忘了,周三也没想起来。直到周四客户给领导打电话催促,马姗姗才在挨了一顿批评之后,找出合同寄了出去。从这次之后,马姗姗就成了领导的"重点看护对象"。

有一次,马姗姗又承接了一项重要业务,其间有很多细则要制定、很多杂事要办,领导怕她因为拖拉搞砸了,每过半天都要问问她,这个做了没有,那个什么时候做。最后,项目圆满完成,领导很高兴,马姗姗却伤心了:一个小姑娘,被领导这样盯着,脸上当然挂不住。即使做成了单子,心里也不好受。这一刻,马姗姗暗下决心,一定要蜕变成一个不拖拉的好员工!

可是多年来的习惯,要改变也不是一件易事。马姗姗太心急,虽然不拖延工作了,但却日渐焦虑起来,过一会儿就想一遍自己做过的事,生怕忘了。同事和领导看在眼里,很为她担心。突然有一天,马姗姗特别从容、也丝毫不拖拉地完成了当天的任务。她喜滋滋地,好像研制成功一项新技术一样。同事不禁探过头来问她的秘诀,她笑道:"以前我拖拉成性,丢三落四,做了这件忘那件,三天的事情一周能做完就不错了。要改的时候,我又有点儿太过头,生怕忘了什么,心里老有根弦绷着。后来,我爸跟我说了一个办法,把一天的事情先安排好，几点到几点做哪件事都定好，然后就开始做第一件事。这时候，脑子里什么也别想，只想着这一件事，不去想后边还有多少事追着自己。专心做完这一件事，做完后看看时间，充裕的话就休息一下，换换脑子。然后慢慢开始第二件，这时候脑子里也只想第二件事情。要是做完哪件事发现时间有点儿超了也别慌，调整一下，挑一件简单的事做，简单的事做完通常时间宽裕，心里就不慌了，再慢慢去做下一件事。"

马姗姗说完，自己也很惊讶，原来改变拖拉的习惯也不算太难，现在自己不就成了管理时间的能手了吗？

在做事之前，做好一天的规划，能治好几种病，比如拖拉、懒惰、做事没有条理、丢三落四等。做计划只需要几分钟，但能为我们节省下来的时间却非常多。不仅如此，每件事情也会因为有了合理的分配，而有足够的时间去处理得更完美。所以，做好一天计划，是一举多得的事情。

每个人都是最了解自己的人。做计划，不用看别人的效率，要根据自己的实际情况。计划做得合适，比计划做很多件事更重要。即使你是一个慢性子，跟着计划来，你也会发现自己处理事情的速度在慢慢提高，这也是制订计划的一大好处。

管理时间就像整理衣柜

什么？整理衣柜也能归纳出管理时间的办法？这并不是故意夸张，若你能回顾一下整理衣柜的步骤，再将它与时间管理的各项对照起来，从中得到管理时间的技巧并不难。关键看你是否善于观察，是否能在每件小事中都得到一些关于时间管理的启示。

衣柜是家庭必备家具，而因为我们的衣服每天都要更换，衣柜难以保持整洁是难免的，所以我们总要定时对衣柜进行整理。那么，通常整理衣柜的步骤有哪些呢？想必大多数人都是以下做法：第一步，将衣柜里的东西全部取出来；第二步，把散在外面的衣服进行分类；第三步，对照衣物类别，把衣柜里哪一层适合放哪些衣物定好；第四步，每周对衣柜进行整理，看看是否有衣物摆放得不合适；第五步，把拿出的衣物按照以上原则放回原位。这就是"衣柜整理法"。

那么，"衣柜整理法"的五个步骤，与时间管理能否对应起来？如果可以，五个步骤又各自对照时间管理的哪部分呢？有人将两者联系了起来，与衣柜整理对应的时间管理的五个流程分别为：收集、处理、组织、行动、回顾。

下面依次来解释。先看衣柜整理的第一步对应的"收集"，就是要收集一切引起我们注意的事情。比如，你正在为一次业余的吉他弹唱比赛抓紧练习，这时老板打来电话，说他发了一份合同给你，让你赶快打印出来，给某单位寄过去。刚挂了电话，妈妈敲门进来，让你别练了，快点儿吃饭。妈妈出去后，你正要练习，朋友们在微信上呼叫你出去吃饭。你还没回答，爸爸又进来了，让你教他在电脑上怎么玩斗地主。这时对你来说，以上这几件事都是比较严重的干扰，让你无法继续练习吉他，最后可能造成你在比赛中失利。可如果你不去理会这些事情，又会对传递给你信息的人造成一定的伤害，老板会骂你失职，爸爸因为你不教他玩游戏而有点儿生气，妈妈则会因为你不赶快去吃她做的饭而有一点儿伤心，朋友们也一样会因为你的不理睬而埋怨。这时这么多压力，该怎么处理呢？

第一步收集其实就是清空，像清空衣柜那样清空这些干扰。你可以用最快的速度打印合同并发出去，再告诉老板你完成任务了；告诉爸爸，那个游戏有点儿复杂，等自己吉他练习累了再去教他；对妈妈说自己不饿，饿了一定会自己热饭吃；回复朋友的消息，说清楚自己在为比赛做准备，并承诺比赛之后请他们吃饭。

接下来是第二步，处理信息，也就是衣柜整理法中的为衣服分类。信息如何分类呢？一般可以分成必须立刻做的、不必当时做的、有时间时一定要去做的和有空时顺手办了就行的，有时还会有可以请别人帮忙去做的这一类。根据这几种，依次把信息分类完成。

接着，按照这几类的分法决定每件事情应该在什么时候

第八章 加强时间管理，让拖延无机可乘

解决。这是第三步组织。

第四步，回头看一下自己分类和组织的信息，是否还有不合理的地方，同于衣柜整理法。

第五步，衣柜整理法是把衣物按原位放进去，在时间管理上就是把事情按分类，或完成或派给别人，或者暂时搁置。

李枫正在工作，突然面临很多事情：领导让他过去帮忙整理资料；有两份快递得由他拆开，根据内容自己处理或者交给总经理；小圆打印资料时打印机卡住了纸，来请李枫帮忙看一看；小赵跑过来问中午饭去哪儿吃，要不要帮李枫带；电话响了，是妈妈打来的，他没有顾上接。

一下子这么多事，李枫顿时觉得自己的工作受到了很大的干扰。但是，如果把这些事情先处理完，自己的工作肯定完不成，晚上肯定得加班。怎样快速处理这些事呢？由于李枫所在的主管位置，每天都要接到很多类似的杂事，所以很多事情他只要听一遍、看一眼，就能立刻判断出到底该何时处理，是不是需要自己亲自处理。

李枫看着笔记本上简单的记录，除了手头工作之外，刚才一共有五件事。他立刻快速地分析：领导让他整理资料，这个得赶快去，谁去都可以；坏了的打印机可以找比较懂机器的员工去检查一下；小赵说去吃饭可以往后推一推；给妈妈回电话、看快递则必须亲自做，并且越快越好。

于是，李枫快速分配任务：让小赵先去帮领导整理资料，找小孙去检查打印机，让小圆替自己拆开快递，看完后

再让她帮忙送一下，自己先给妈妈回电话，然后看拆开的快递。最后这些事情都做完，小赵回来后，就和他一起去吃饭。

想好之后，李枫又回顾了一遍，确认自己的方案没什么问题，就照此办了。结果，李枫加上看快递和给妈妈回电话的时间，只花了10分钟，就把所有的事情都办好了。然后他就轻轻松松地和小赵一块儿到外面吃水饺去了。

由此可见，衣柜整理法在帮助我们管理时间时的确很有效。可能一开始我们觉得不习惯，并且感觉有点儿浪费时间，但如果多运用几次，就会发现这个方法可以帮助我们节省不少时间，上面的例子就是最好的证明。所以，每一个好方法，我们都应该学会运用，让它为我们服务。

每天早上，我们都可以根据要做的事情，在大脑中考虑一下如果借用"衣柜整理法"应该怎么做。因为在早上很短的时间内我们要做好几件事情：洗漱、换衣服、收拾公文包、做早饭、吃早饭、出门去上班等。每天刷牙洗脸或者做饭时，在大脑中默默把这几件事归纳整理，再试着用"衣柜整理法"去解决。每天进行这样的练习，你很快就会熟悉并喜欢上这样的方法。

第九章

高效执行，终结拖延症的纠缠

等待不可能将梦想实现

曾有人给拖延起了一个难听的外号，叫"生命的窃贼"。细想起来，一点儿也不过分。拖延就是偷走时间、偷走生命的行为，让人虚度光阴，厌倦生活。如果有人幻想着用白日梦和从没按时履行过的计划表来实现梦想，那真是异想天开。

一位学者从年轻时就想出一本自己的著作，可到了60岁之际，还是没能完成这个心愿。他总是说自己很忙，有很多重要的事情做，根本腾不出时间。听的人都信了，毕竟他德才兼备，忙也是正常的。但只有学者自己知道，他是觉得写书比较烦琐，自己也缺乏这方面的经验，从内心深处来说，他对这件事缺乏信心，害怕失败，才一直搁置着。

消极等待，无限拖延，就是对生命的一种浪费。

有位幽默大师说过："每天最大的困难是离开温暖的被窝走到冰冷的房间。"这番话戳中了很多人的痛处。当我们躺在床上想象着起床是多么痛苦的事情时，它就真的变得很痛苦了，哪怕只是把棉被掀开，坐起来，把脚伸在地上，也成了难如登天的事。

人都有趋利避害的本能，习惯追求快乐，逃避痛苦。躺在温暖的被窝里，在"早起"和"再睡一会儿"之间做着斗争，这个过程真的很痛苦，所以保持原状就成了多数人的选择。日复一日，年复一年，我们的时间也在悄无声息地流逝。等到有一天，看到曾经和自己站在同一起跑线上的人已经不知不觉甩自己很远时，才意识到过去的拖延偷走了多么宝贵的时光，再想追回，付出的代价要比从前大很多。

从心理学上讲，每一种心理博弈选择的背后，都免不了痛苦。选择了躺在温暖的被窝里，暂时逃避了寒冷的痛苦，但要面临迟到、不充实自我而逐渐落后的风险。可即便如此，多数人还是选择了拖延，时间长了，这种习惯就给梦想蒙上了阴影，就如同一块铁，慢慢地生锈，最终失去了铁的功能。

梦想这个东西，是经不起等待的，可我们都习惯用等待来拖延实现梦想的时间。买了一本书，刚翻开几页就想着等有空的时候再看吧；想跟别人一样成为乐器大师，却在弹了半天琴之后就觉得不堪忍受那总是弹错的乐谱；看到别人旅行的照片时，就想着等过段时间不忙了一定去旅行……然后呢？基本就没有然后了。

实现梦想的人，未必是碰到了他人难遇的机会，也未必在智商和情商上胜过所有人，而在于有了想法之后，就立刻付诸行动。马云提起自己的创业经历时，说过这样一番话："其实最大的决心并不是我对互联网有很大的信心，而是我觉得做一件事，经历就是成功，你去闯一闯，不行你还可以掉头，但是如果你不做，就像你晚上想想千条路，早上起来走原路，一样的道理。"

问问自己：现在的自己，跟一年前的自己相比，有什么不同？到了明年，你希望自己变成什么样子？我们都不必跟其他人去比较，因为真正的高贵不是超越别人，而是优于过去的自己。如果有些事情，你已经计划好、考虑过，甚至已经做出决定了，却依然没有行动，那么请你再问问自己：我打算什么时候实现梦想？我在等什么？我还有什么没有准备好？是在等他人的帮助还是等待时机成熟？我要什么时候付诸行动？

请记住：当梦想遇见拖延，一切都成空。

拖延一秒可能就无法挽回

德国有一家电视台曾经高额悬赏征集"10秒惊险镜头"，这让不少新闻工作者积极投稿，征集活动一时间成了人们关注的焦点。在众多的参赛作品中，脱颖而出的是一个关于扳道工的故事短片。

几个星期后，获奖作品在电视的强档栏目中播出，多数人都在电视前看到了冠军短片中的那组镜头。对于这个作品，人们最初只是好奇地期待着，可在10秒之后，几乎每一个看过的人眼睛里都噙着泪水。毫不夸张地说，整个德国在那10秒的镜头之后，足足肃静了10分钟。

镜头的内容是这样的：在一个火车站里，一个扳道工正走向自己的岗位，准备为一列驶来的火车扳动道岔。此时，铁轨的另一头还有一列火车从相对的方向驶进车站，如果他不及时地扳动道岔，两列火车就会相撞，造成重大事故。

就在这千钧一发的时候，他无意中回头一看，发现自己的儿子正在铁轨的一端玩耍，而那列进站的火车就行驶在这条铁轨上。到底是抢救儿子，还是扳动道岔避免一场灾难？留给他去抉择的时间太短了，甚至，哪怕他再迟疑1秒，就既救不了儿子也挽不回事故了。

那一刻，他毫不犹豫地、语气威严地朝着儿子喊了一声"卧倒"，同时迅速地冲过去扳动了道岔。就这一眨眼的工夫，火车进入了预定的轨道，而另一条铁路上的那列火车也呼啸而过。车上的旅客们根本不知道，他们的生命曾经千钧一发，他们更加不知道，一个小生命正卧倒在铁轨中间。

火车轰鸣着驶过，速度飞快，可对于扳道工来说，这段时间却无比漫长。幸好，孩子毫发无伤，他迅速且忠实地执行了父亲的命令，老老实实地卧倒在那里。这一幕，刚好被一个从此处经过的年轻记者摄入镜头中。

人们在看过短片后纷纷猜测，那个扳道工一定是个特别

第九章 高效执行，终结拖延症的纠缠

优秀的人。后来，通过记者的采访大家才知道，那个扳道工就是一个普通的工人，他唯一的优点就是忠于职守，在工作的时候没有拖延过1秒。更令人惊讶的是，那个听到父亲的命令就迅速卧倒的孩子，竟然是一个智障儿童。

他曾经一遍又一遍地告诉儿子："你长大以后能干的工作太少了，你必须得有一样是出色的。"儿子听不懂他在说什么，依然傻乎乎的，可在生死一线的那个瞬间，他却立刻执行了父亲的命令，迅速"卧倒"——这是他跟父亲玩打仗游戏时，唯一听得懂并能做出的动作。

看到这里，你还会觉得拖延是无所谓的事吗？在当时的情境下，如果这位工人拖延1秒扳动道岔，就会酿成无法挽回的悲剧，因为他没有失职，火车上的乘客安然无恙；如果那个智障的孩子拖延1秒去执行"卧倒"的命令，那也是一场巨大的悲剧。庆幸的是，这对父子在危难之际，都表现出了超强的执行力：一秒也没有拖延！

比尔·盖茨说过，凡是将应该做的事拖延着不立刻去做，而想留待将来再做的人总是弱者。

美国成功学家格林在演讲时，不止一次开玩笑地说，全球最大的航空速递公司联邦快递，其实是他构想的。大家都以为是调侃，但格林真的没有说谎，他确实有过这样的设想。

20世纪60年代，格林刚刚起步，在全美为公司做中介工作，每天都在发愁，怎么能将文件在规定时间内送达其他城

市？当时，格林就在想，如果有人专门开办一个公司，能够提供将重要文件在24小时内送达任何目的地的服务，那该有多好！

这个想法在格林的脑海里停留了几年的时间，他也经常跟周围人说起这个构想，可惜的是，一切都只是想想，他没有采取任何行动。后来，一个名叫弗雷德里克·史密斯的人真的去做了这件事，他就是联邦快递的创始人。富有创意的格林，就这样错过了开创事业的机会。

任何时候，都不要抱有"再等一会儿""有空再说""明天再做"的想法，该解决的问题、该完成的任务，立刻就去做，一秒也不要推迟。选择执行后，也应一气呵成，不要中途磨磨蹭蹭、拖拖拉拉，要把所有的松懈和懒散的冲动都扼杀在摇篮里，时刻提醒自己：最佳的开始时间是现在，最理想的任务完成日期是昨天。

歌德说过："只有投入，思想才能燃烧。既已开始，完成在即。"不管什么时候，当你感到拖延和懒惰正悄悄地向你逼近，使你缩手缩脚、懒散懈怠时，请放下所有的幻想和借口，立即让自己行动起来！只有行动，才能战胜拖延与懒惰的恶习！

立即去做最紧迫的事

最紧迫的事就是最着急的事,最着急的事自然得马上去做,但我们有时候却不知道最紧迫的事是哪些。往往只有到了火烧眉毛的时候,才突然意识到哪些事情重要,哪些事情不重要;哪些事情被耽误了下来,而哪些事情做了却意义不大。虽然我们意识到了问题所在,但这个时候往往悔之晚矣,因为客观上已经造成了拖延。

这种拖延是无意识拖延,属于做事方向性错误,也是不积极行动的一类表现。

如果你每天都忙得焦头烂额,但还总是耽误正常工作的进度,此时你就需要好好揣摩一下自己的工作方法了,看看自己是否患上了"无意识拖延症"。如果确定自己患上了,那么不要抱怨,更不要迟疑,而要积极行动起来。具体方法可以参考下面的几个要点来进行:

1.让自己紧张起来

人活几十年,抛去少不更事、老不能事以及其他杂七杂八的事情占用的时间,人实际工作的时间也就十几年,不能谓之多。但就在这不算多的时间里,再去除做这些错事所浪费的时间,我们还有多少时间去做有意义的事?所以,我们要让自己紧张起来,仔细梳理一下,哪些事情是非做不可的，哪些事情是可以忽略不计的，这样我们才能较为准确地找到最要紧、最该做的事情，确定好后，马上积极行动起来。

2.采用便笺排序法

这是一种简单却很有实效的方法，特别对那些工作内容庞杂的职业人士十分有帮助，能使他们在很大程度上避免因"无意识拖延"而造成的工作延误。

具体方法是：将所有要完成的工作内容一条一条地写在便笺上，一张便笺只写一项工作内容。需要特别注意的是，每项工作的最后截止时间以及该项工作大致需要耗费的时间一定要标注清楚。按照需要完成的先后顺序将这些便笺依次贴在某处，使自己能随时看到，接下来按照这个顺序来安排工作就可以了。

这种方法一方面能有效避免某项工作被遗漏，另一方面又能一目了然明确自己的工作顺序。若有突发事情需要处理，也很好解决，只要把写上突发事情的便笺插入适合的地方即可，然后继续按照原先的顺序安排工作。

3.立即行动

再好的排序如果不执行，就等于浪费精力和时间。一项工作，不管大小和重要性，都得靠行动才能实现。如果不行动，就只能水中望月，看着美丽，但永远也得不到。所以，在确认了事情的排序后，要立即行动。

另外，从心理学角度来讲，立即行动也是避免"无意识拖延"的心理需要。因为人对即将要做的未知的事情总会不由自主地充满恐惧，这种恐惧会造成"无意识拖延"的发生，要想避免这类拖延的发生，就要想办法消除这种行动前的恐惧。

消除这种行动前的恐惧的最好方法就是立即行动。虽然刚开始行动时依然会有所恐惧，但在真正投身于行动之中时，这种恐惧就会逐渐消失。而且越是全身心投入行动中，恐惧消失得越快。所以，赶快行动起来吧！

没有挑战就没有突破

从心理学上看，人的思维是有惰性的。正是因为思维具有惰性，所以造成了拖延。客观上造成拖延的因素有很多，有内在的因素，也有外在的因素，但是外在因素是通过内在因素起作用的，因此，内在因素才是最关键的。在内在因素中，人思维本身的惰性是造成拖延最为重要的因素，因此，要想改掉拖延的恶习，就要战胜思维上的惰性。那么，如何战胜思维上的惰性呢？主动挑战不可能完成的事是众多方法中非常有效的一种。

攻击是最好的防守，主动出击可以提高士气，在高涨的气势下做事，会起到事半功倍的效果，能大大打击拖延的"生命力"。如果挑战成功，那么就会极大提高战胜困难的自信心，对后面的行动会起到非常显著的鼓励作用。在这个过程中，拖延生存的机会就会缩小，直至失去容身之地。所以说，主动挑战不可能完成的事能够有效控制拖延恶习的滋生。

江志敏没有受过高等教育，也没有上过职业学校，最近他想开一家奶茶店。一是因为他觉得奶茶店操作简单，二是奶茶店成本低，符合自己当前的经济状况。他抱着对未来的美好期盼，开始寻找适合开奶茶店的店面。

江志敏很清楚店面的位置的重要性，所以他花了很大的工夫去寻找。他看好了几间位置不错的店面，但是由于租金比较高昂，他怕资金紧张便没有租下来。之后遇到的几间租金便宜的店面，他又觉得位置不佳，担心没有生意。于是在有合适的店面时，他犹豫不决；没有合适的店面时，他又如坐针毡。到最后他也没有找到理想中的，位置又好租金又便宜的店面，于是他开奶茶店的梦想便破灭了。后来，他又想开一家小吃店，但是因为同样的原因这个念头也夭折了。

有一天，他路过之前看中的一家店面，发现已经被别人租了下来并且开了奶茶店，而且生意很红火。这让他深受打击，后悔不已。他想：当初如果自己果断出击，那么今天这家火爆的奶茶店可能就是自己开的了，可事到如今，除了后悔，还能有什么办法呢。

江志敏从这件事上深受教训，他下决心要改掉自己优柔寡断的性格，要学着勇敢前行。在这种想法的鼓舞下，他报考了自己一直想考又怕考不过的高级程序员考试。他买了各种书籍资料，静下心来仔细学习，全身心的投入到备考当中。终于功夫不负有心人，在第二年的程序员考试中，江志敏报考的几门课程全部通过。

这次的成功让江志敏的信心大增，让他坚信只要有决心、有信心、敢于主动出击，终会有成功的一天。在他看来，人之所以经常遭遇失败，就是因为各种原因而选择了退缩，而这些原因就是人们为自己的拖延寻找的各种借口。思维的惰性有很强的生命力，只要给它一丝生存的空间，它就会疯长。拖延与惰性如影随形，惰性如果滋生了，拖延肯定是要随之蔓延。因此要想让拖延远离，就不能给惰性一丝生存、生长的机会，以求从根本上扼杀拖延。

主动挑战不可能的事不但需要一定的勇气，而且还要讲究一定的方式、方法。从前者来说，只要下定决心去做了，就要说到做到。可以将计划写在一个本子上，标明行动的日期，然后到了日期时，不去考虑其他任何因素，只想着一件事，那就是开始行动，这样一来，就没有任何借口用来拖延了。

实际上，很多事情只是感觉上很难，真实的情况却未必如此。"万事开头难"往往只是人们在心理上的错觉，克服了心理上的这道坎儿，所谓的"难"也就不再难了。因此一定要跨越这个拦路虎，多进行自我鼓励，多想想怎样把事情做好之类的问题，不要去想"这么难，怎么去做"之类的问题，从心理上减轻思想压力。扔掉思想包袱，轻装上阵，使那些不可能完成的事也能够顺利完成。

如果我们习惯于做事拖延，就可以针对情况先行动起来，造成既定现实，逼迫自己只能前行，而无法寻找不做事或拖延做事的借口，至此，主动挑战便成了现实。

时刻警惕懒惰入侵

英国圣公会牧师伯顿，同时是一位学者和作家，他在《忧郁的剖析》中写道："懒惰是极为严重的坏习惯，再聪明的人，如果有懒惰的恶习，都是非常不幸的，他最终会被懒惰打倒，成为制造恶行的人。懒惰控制着他的思想，在他的心中劳动和勤劳是没有一席之地的。此时他的心灵就像是垃圾场，那些邪恶的、肮脏的想法，会像各种寄生虫和细菌一样疯狂地生长，让他的心灵和思想变得邪恶。"伯顿还总结说："不管是男人还是女人，如果让懒惰控制了内心，那么他们的欲望将永远不能得到满足。"

说到懒，很多人不以为然，总觉着不过是习惯上的小毛病，出不了什么大乱子。懒的结果不外乎就是，房间乱了点，衣服脏了点，人邋遢了点，做事拖了点……偶尔咬咬牙，也能变勤快。

不可否认，懒惰是人的天性，任何人身上都不可避免地存在惰性，只不过有的人自控力强，有的人自控力弱。但有一点我们必须认清楚，懒惰是本能，但不可小觑，一旦丧失

第九章 高效执行，终结拖延症的纠缠

了自控力，让懒惰和拖延跑到一起，有些结果可能超出你的预料。

慵懒就像摆在我们眼前的一张舒适的沙发。这张沙发上有枕头，有遥控器，有水果、饮料、杂志和听音乐的耳机，每样东西都在呼唤你赶紧过去。人人都想保持舒适的状态而不愿做其他事情，除非有一件事情不得不做——上厕所、饥饿等这些生理反应会督促人们自主去做一些事情来保持舒适，但是做其他家务和费脑力的工作等却不一样。因为这些会打破当前的舒适度，所以人们会情不自禁地表现出抗拒。

就拿洗衣服为例子，好不容易到周末，肯定是睡到自然醒才起床，起床后随便刷个牙抹个脸，开始慢慢享受早餐，然后看会儿电视、喝杯茶、吃点水果、打电话和朋友聊聊天……等回过神儿来，天已经黑了。那怎么办？只能明天再说了。

其实，拖延洗衣服并没有改变最终的结果。那些衣服的总量并没有变，你还是要洗的。与其等到明天、后天甚至下一周，没衣服穿了而不得不洗，不如当时就洗出来，还不必每天看着堆成山的脏衣服发愁。

你是立刻就去做，还是等一等再处理？同样的事情，不同的处理习惯，我们得到的结果往往大不相同。

懒惰还是缺乏自信心的一种表现，懒惰的人往往认为，与其干没有把握的事，不如不干。所以就放弃了努力争取的机会，失去了勤奋奋斗的精神。许多事虽然看起来很难，似

乎自己无法解决，但只要动手去做，就会发现原来也是可以解决的。天才来自于勤奋，成果来自于辛劳，多出一分力，才能多获一份功。历史上凡是做出重大成就的人，无一不是一个勤奋者，应该以他们为榜样，树立自信，激励自己，克服懒惰，勤奋拼搏。

虽然我们会不断的遇到各种挫折和困难，但是我们一定不能够软弱和退缩。我们心里必须要清楚，犯懒、拖延都只是暂时的麻痹手段，永远都无法解决问题。"最好的防守是进攻"，只有勇于去面对，积极行动起来，才能真正找到解决问题的突破口，才能跨过这些困难和挫折。

生活中的很多灾难，不是别人酿造的，也不是老天刻意地为难，而是自身的惰性习惯导致，那就是懒得做任何改变。从现在开始，不要再把懒惰当成小事，当你放任了它的随意，它就会在你的身体和思想中扎根。懒惰的人还有希望改变，知而不行的人则是无可救药。记住歌德说的话："我们的本性趋向于懒怠，但只要我们的心向着活动，并时常激励它，就能在这种活动中感受到真正的喜悦。"

怎么才能让自己克服"等等再说"或"明天再处理"的强大执念？

最好的方法就是"立刻动起来"！除了毫不犹豫地马上去做，可能没有更好的策略了。你要做的就是马上扔掉遥控器、MP4、手机，放下咖啡杯，立即开始那件让你一直逃避拖延的事情。不要再思考别的任何东西，开始去做，直到把它完成。

制订可行的计划来对付懒惰也是很有效的。在深思熟虑后制定一个时间表,注明一天中需要做的每项工作,是一个摆脱懒惰的好方法。计划可以写在纸上,一开始,它可能只像是一种写写画画的游戏,但一段时间后,你就会发现自己即使在很短的休息时间里也可以做一些有用的事情。结果,每天的工作就会成为生活必需品。

除了上面的办法,还可以采取自己提醒自己的方法,比如说是买一个记录本,将自己每一天要做的事情都记下来,并随时都带在身上,以便提醒自己什么时候该做什么事情了。此外,还可以采取让同伴提醒的方法,互相之间提醒要做的事情,这样对于促进相互之间的良好生活习惯都是非常有好处的。行动比计划更重要

经常会有人问:是什么拉开了普通人和成功者的距离?

学历?洛克菲勒这位石油大亨,高中还没有读完就辍学了。

智商?美国前总统小布什,智商并不高。

环境?亚洲富豪李嘉诚完全是白手起家。

学历、智商、环境等,都不是决定性因素,真正重要的因素在于,当脑子里有了想法之后,是否采取了行动。不管你的计划多周密、目标多高远,若不付诸行动,一切都是水中月、镜中花。

一位华北地区的商人,在国内倒卖矿石发了家,后又

向银行贷了一大笔款,就毅然去了美国华盛顿,希望能将生意做得更大。他在自己租下的那间豪华寓所里招待了一位老友,滔滔不绝地讲述他的生意经和未来的理想。

他的畅想很美好:"我来美国之前,已经在大连的仓库里存了一批货。在我总公司那边,也有一批花色品种齐全的商品,我准备把中国鲜花运到美国,占领市场,让美国人见识一下中国的花卉。我抵押了在上海的几套房子,贷款所得全部投入在美国的新生意。我还打算在这里开一家证券公司,赚上一大笔钱,然后就等着享清福了。"

朋友听后,惊讶地问道:"这些想法听上去都不错,你有具体的计划吗?有可行性报告和相关步骤吗?"

商人似乎并未听进朋友的话,他接着说:"你知道吗?高级工艺品在中国很有市场,我想把印度的手工艺品带到中国,再把景德镇瓷器带到欧洲……只要让资金流动起来,不管经济形势怎么变,我都有钱可赚。"说这话时,商人的眼睛透着光芒,好像他憧憬的一切已经成为现实摆在眼前。

朋友不再回应,他深知:如果梦想没有切实可行的计划,无法付诸行动,那么说得再有诱惑力、情绪再激昂,除了给房间的空气造成一些波动外,没有任何意义。

很多人都渴望在学业和事业上有所发展,实现自我价值,提高生活的质量。为此,不少人也做了精心的计划,每一个目标、每一个步骤都列得很清晰,只是三五年过去后,还是在原地踏步,那些计划一直被搁置着,没有任何进展,或是收获甚微。

究其原因，正是缺乏行动力！美好的结果，无疑都是从行动中获得的，好的计划必得像敲钉子一样落实，才能出成效。执行是最基本的东西，没有切实可行的实践，再好的想法也是一条空瘪的麻袋，只会软蹋蹋地待在地上。

大家肯定都了解一些物理常识：在1个标准大气压下，当水杯加热到100℃时，水才会沸腾，产生蕴藏巨大能量的水蒸气。如果加热到99℃，水只是滚烫，但不会沸腾，必须再加热1℃，才能产生强大的蒸汽能源。

对，只要1℃，水就能够从液体变成气体，产生质的改变，爆发出巨大的力量。这说明什么呢？如果成功是100%的话，前面的所有准备——美好的蓝图、宏伟的目标、制订的计划、心理准备、技能学习、能力储备、金钱预算都是99%，而最后的1%就是行动。缺少最后的行动，前面的所有都是镜中花、水中月，没有付诸行动的准备是没有意义的。

某次成功学的讲座上，教授对学员说："想赚钱的请举手！"学员们都举起了手。

教授又说："想成为顶尖级人物的举手！"这回，大部分人不再举手了。

教授笑了笑，接着问："你们想成功想了多久？"

学员们异口同声地说："想了一辈子！"

"为什么还没有实现呢？"教授问。

"就是想想而已。"有人回答。

"这就是你们没有成功的原因。心里有想法却不行动、不去做，怎么可能成功呢？"

没有行动，一切想法都是空谈。人生的理想和事业，只有架构在行动之上，才会变得有意义。拖延是失败的源头，行动才是成功的开始。世间的任何机会都是留给有准备的人的，这个准备不用停下来计划，而要不断地实践，用行动来给自己搭建阶梯。

把"待办事项"看成"必办事项"

关于今天，理想主义者说："昨天是今天，明天是今天，今天是今天，后天也是今天。未来的每一个日子，都是今天的延续。每个人的一生都是由'现在'堆积而成的，没有现在也就没有过去和将来。"这段话强调了"今天"的重要性。

《羊皮卷》里有这样一句话："我应该活着，就像今天是最后一天那样地活着，把每一天都当成最后一天，立刻做必须做的事情，不再拖拖拉拉。过去再也回不去，明天也不能到来。我们能够把握的，唯有现在。"

著名的"红男爵"曼弗雷德·冯·里奇特霍芬在第一次世界大战中是德国最好的战斗机飞行员。他是一个时代的英雄，代表着一个时代的理想。曼弗雷德·冯·里奇特霍芬原来只是个骑兵，在1914年第一次世界大战全面爆发之后，他希望在新兴的航空领域挑战自我，就想不当骑兵了，去开飞机："我为什么不去开飞机呢？"

曼弗雷德·冯·里奇特霍芬没有想想就完事，而是在有了这样的想法后，就去申请当飞行员了。他改行的经历起初很失败。在训练中他摔了好几架飞机，上级差点开除他这个自以为会开飞机的骑兵。但曼弗雷德·冯·里奇特霍芬从来没有怀疑过自己，他想到了就去做，从不瞻前顾后。每次伤愈后，他就登上另一架飞机开始训练，直至掌握了全部飞行技巧。

注重行动的人通常不会把他们的计划拿出来与别人反复讨论，除非遇到了见识和能力都比他们强的人。他们也不会在徘徊、观望中浪费时间，他们要做的就是行动、行动、再行动，把"待办事项"变成"必办事项"是他们最擅长的事。

造船厂通常有一种机器，能够把一些破烂的钢铁毫不费力地轧成坚固的钢板。善于行动的人就像这种轧钢机，办事雷厉风行，只要下决心去做，不管前面有多复杂、有多困难，他们都会毫不犹豫地行动起来，在行动中解决所遇到的问题。

杨铭是葛云新认识的一个朋友，在葛云眼中，杨铭就是一个做事雷厉风行的人。葛云想开一个经销土特产的网店。在和葛云聊过之后，杨铭提到他认识的一个互联网公司创始人有这方面的经验。在征得了葛云同意后，杨铭马上帮葛云约定见面的时间。他拨通了电话，向对方说明来意，询问日程安排，并把电话交给葛云，让双方确认。

杨铭知道葛云没有多少互联网营销知识，他向葛云推荐了几篇描写互联网营销的好文章。葛云表示有兴趣阅读。杨铭马上让助理把这些文章打印出来。在葛云离开杨铭办公室时，文章已经打印并装订好送到他面前了。

拖延是行动的死敌，也是成功的死敌。拖延会使所有的美好理想变成幻想。拖延会使我们失去"今天"，而永远生活在对"明天"的等待之中。

在这些注重行动的人的人生信条里从来没有"待办事项"，只有"必办事项"。当你把自己的思维模式从"待办"变成"必办"时，你也会变得目标明确、行动专注了，同时你的决策也会变得容易且有效，而且你为那些重要的事情创造了时间。

莎士比亚说过："我们要做的事，应该一想到就去做。因为人的想法是会变化的，有多少舌头、多少手、多少意外，就会有多少犹豫、多少迟延。"

实际上，拖延往往是因为还没开始行动，一旦开始了行动，你会发现自己变得积极起来，而不再畏难、哀叹。

第十章

强大自控力是战胜拖延的根本

意识到自己的强大

自我意识,也叫自我认知,是一种多维度、多层次的复杂心理现象。通常自我意识由自我认识、自我体验和自我控制三种心理成分构成。简单地说,自我意识就是一个人对自我能力素质、思想认识、情感行为、个性特点以及人际关系等各方面的认识、感受、评价和调控。

我们在面对一个未知的环境时,内心常常感到焦虑和恐慌,并进而陷入烦躁不安、情绪消极的状态。这种情况下,人往往会对外界产生一种强烈的抵触感,进而又会通过逃避、拖延等方式来缓解、宣泄这种焦虑烦躁的情绪。

在面对一项艰巨的任务时,这种焦虑、烦躁的情绪往往也会产生。这种不安的情绪让人不愿意马上开始这项工作,并且只要有可能,总要下意识地进行逃避和拖延,直至再也没有可能逃避和拖延,才不得不停止下来。这些都是自我意识影响的结果。

一个人只有对自己有了充分的了解与认识，才能给自己准确定位，才能够确定适合自己的追求目标，也才能够通过自己的努力最终实现这一预定目标。目标的实现不仅使个人的需求获得了满足，个人的价值得以实现，而且也巩固和增强了个体的自信心，使个体心理机能处于良好的竞技状态。

反之，假如一个人不能客观估量自己的能力范围，仅仅凭良好的愿望和热情盲目地制定远大目标，结果往往是造成了拖延，使目标落空，不仅使个人心理蒙受打击，产生挫折感，给心境造成不良的影响，还会影响今后的发展。因此，积极的自我意识对解决拖延问题有十分重要的意义和作用。

彭鑫是个品学兼优的好孩子，他从小学到大学一直是父母、老师、同学和朋友眼中的天之骄子。他学习成绩非常优秀，每次都能拿到奖学金。大学毕业后，彭鑫很顺利地进入一家大公司工作。

工作中，彭鑫积极上进，力求工作尽善尽美，很多任务都完成得十分出色。渐渐地，他对自己的要求越来越高，不允许自己出现一点儿纰漏，如果有一件事没有达到预想的要求，他就会对自己的表现非常不满意，甚至会将这件事再重新做一遍。

失败是在所难免的，没有谁永远是一帆风顺的，但偏偏却有人禁受不住失败的打击。彭鑫就是这样的人。在经历了一次较大的失败后，彭鑫陷入了焦虑和恐惧之中，他害怕再遭遇失败。于是他带着战战兢兢的心理去做事，但越是这样，越容易出事。失败接踵而来，彭鑫极度恐慌，他下意识地逃避、拖延，即便是一些很重要的工作也是一拖再拖，工作进度受到了极大的影响。领导为此找了他，让他把进度提上去，但是没有任何效果。最终，彭鑫被迫选择了离开。

因失败而焦虑不安是人们惯有的一种心理反应。显然这不是一种好的现象，要勇于从这种糟糕的状态中走出来，否则这种心理反应必然会导致逃避、拖延行为的出现。积极的自我意识会消除这种负面心理以及其所带来的影响。大文学家高尔基曾说："只有满怀自信的人，才能在任何地方都怀有自信，沉浸在生活中，并实现自己的意志。"因此要努力培养积极的自我意识，并让它发挥重大作用。

要培养积极的自我意识，可参照下面几点来进行：

1.要正确地认识自己

正确认识自己就是要树立起正确的自我观念。只有树立起正确的自我观念，才能主动地进行自我教育，正确地发展自己。如果不能正确认识自己，就会误判自己的能力，或自视甚高、自以为是，或妄自菲薄、自惭形秽，这些都不利于适应社会和环境。

2.遵照社会要求发展自己

在自我意识的发展中，不仅要正确地认识自己、接受自己，而且还要发展自己，描绘一个理想的自我，并努力追求。

3.要强化积极的思维

积极的思维有助于自我意识的培养，平时要经常思考问题，增强自己的预见性，这样才能在需要的时候充分发挥出个人的智慧，快速做出判断和选择。

4.要增强意志力

意志力的加强对培养积极的自我意识有较大的作用。平时要注意培养坚强的意志力，对设定的目标有充分的认识，要坚持不懈地进行下去，直至达到目标。

总之，培养了积极的自我意识，就可以有效抵制内心的不良情绪，也能够从容应对外界的压力与挑战，最终消除办事拖延的坏毛病。

专注使你更高效

一项调查表明，患有拖延症的人多患有注意力缺失紊乱和执行功能障碍症，这两样病症使拖延者的拖延症状变得更加严重。拖延症患者多缺乏自我约束力，也就是自控力弱，很难控制自己的冲动。同时，拖延症患者对外界干扰的抵抗力也很差。外界一些新鲜事物，如新产品、新观念、新声音、新面孔等，总会引起拖延症患者的注意，唤起拖延症患者极强烈的兴趣，想让拖延症患者不注意或者视而不见、听而不闻几乎是不可能的。由于平时工作的拖延，拖延症患者手头总有一大堆需要做的事，这样就产生了矛盾：一方面拖延症患者被新鲜事物吸引了一部分注意力，想去研究一番；

另一方面拖延症患者又不得不做手里的工作。这种情况下，拖延症患者对手里的工作肯定是越来越烦。对抗情绪之下，拖延症患者必然会更加拖延手里的工作。另外，一心二用同样会加重工作的拖延。所以，在上述情况下，拖延症患者的拖延症状一定会变得更加严重。

在了解清楚了病因后，要对症下药，才能药到病除。针对拖延症，最关键的方法是将自己的注意力收回，集中精力在自己应该做的事情上，让一切慢慢地回归正轨。具体操作时，可参照下面两点进行：

1.将注意力转移到自己的内心世界

心理学上有这样的理论：人在接受新事物的时候都是从外在支持开始的，并通过外在行为的一再重复，逐渐将其内化。将这个理论应用到如何收回注意力问题上，同样也是适用的，也就是说需要通过外在支持帮助当事人收回注意力，并强化这一结果，最后撤去外力支持，让集中注意力变成一种自觉行为。

我们生活周围充满了诱惑，比如，街边的广告、路边的鲜花、过往的人群……我们的注意力很容易被吸引走。要想把注意力收回来，转移到内在世界，我们就要经常提醒自己，强化自我监督，提高自控力，这样才能集中精力做事，直到完成任务。

如果注意力缺失严重，无论做什么事，都没有办法集中精力，那么在这种情况下，最好的办法就是借助外力，例如可以找人帮自己规划一个执行策略，在执行这个策略的过程中，接受外人的监督和引导。同时，也要强化自我监督，提高自控力，外在和内在两者共同努力，相信定会收到效果。

还有一种情况，当现实让你感觉不满、难受时，你就将注意力转移到一些替代性事物上面，借此使自己不佳的情绪得到缓解。针对这种注意力缺失的情况，我们可以采用"PURRRRS计划"的方法调节。这种方法可以让你学会克制，培养你对不适感的忍耐力，并且增强你的能力，帮助你坚持下去。

"PURRRRS计划"中的"P"是"Pause"的首字母，"Pause"的中文意思是暂停。在这里的意思是当有不适感想转移注意力时，要将自己抽离出来，好好审视发生的事情，要敏感地认识到有发生拖延的可能。

"U"是"Use"的首字母，是运用的意思。这里的含义是克制转移注意力的冲动，不要盲目行动，而要充分调动自己的各种能力。

"R"是"Reflect"的首字母，是反省的意思。在这里是指要好好反省自己。例如，看看自己发生了哪些变化，为什么会这样等。

"R"是"Reason"的首字母，是推断的意思。在这里指应该按照逻辑来推断，并分两种情况：一种情况是如果转移了注意力，造成了拖延，那么后果如何？另外一种情况是如果不为所动，仍只关注原来的计划，那么又会出现什么结果？对比这两者，你下一步的行动是什么？

"R"是"Respond"的首字母，是反馈的意思。在这里指你能收到先前行动的反馈。积极思维给你带来了好处，你将摆脱消极、悲观的情绪，变得积极、高效。

"R"是"Review and Revise"词组的首字母，是回顾和调整的意思，在这里是指这个时候你可以对整个行为进行评价了。回顾你学到哪些东西了，调整哪些情况了，这些对你对抗拖延产生了哪些好处？

"S"是"Stabilize"的首字母，是巩固练习的意思。在这里是指保持注意力集中是一个艰难的长期过程。在这个过程中，要坚持"立即行动"的原则，不断巩固上面的练习，增大对抗拖延的力量。

2.不断强化自己的目标

很多时候，在做事之前，人们都已经做好了计划。目标明确、计划科学，实现目标的每一个步骤都经过详细分解，容易操作；与此同时，我们也准备将这份计划踏踏实实地执行下去，但在进行的过程中，我们总是停下来，原因是忘记了接下来要做什么。这种情况很常见，并非有意拖延，而真的是忘记了某个环节或者计划。

针对这种情况，可以借助外力提醒我们什么时候该做什么事，或者什么地方该采取行动。比如在自己触手所及的地方贴上便签条，上面记着自己需要拨打的电话、该结束某项任务的时间、某个会议举行的地点等。这个方法虽然简单，但却很有效。这些提示反复出现，渐渐会内化成你的大脑思维，最后即使不用提醒，自己也能记起来。这些属于视觉提示。

除了视觉提示外，还可以采用听觉提示，道理是一样的，只是将看到的提示转化成听到的提示。这类提示也很常见，如可以设定一个闹钟，每到一个时间点，闹钟就会响起，提醒你该做什么事了。这样既可以提醒你不忘记做某事，同时也能让你不用花心思去记一些杂事，有利于静下心来做事，进而提高工作效率。

朋友或家人的监督也能产生此类功效。视觉和听觉提醒属于被动提醒，而借助朋友或者家人的监督则属于主动提醒。你可以同他们一起制订计划，或者让他们对你的计划提出建议。

在与他们的交流中，你也许会发现计划的缺陷和不足，也可能找到弥补缺陷的方法，使计划更加具有可行性，使步骤更加清晰。而最重要的是让他们监督你的工作，提醒你该做什么事。在他人的提醒和监督下，你肯定会努力在规定时间内做完事情，至此，目的便达到了。

强迫自己更加积极

拖延是一种后天形成的习惯，它是在不知不觉中受思想、信念、态度等多种因素的影响，在脑海中逐步形成的。正是由于这种特点，所以它的去除也并非那么容易。平时它作为一种想法在人们的脑海里悄然存在，时不时"冒出来"指挥人们：我要这样做、我不喜欢那样做、这样做多省力……在种种情况下，人们即使做错了事，也往往浑然不知。更为严重的是，如果遇到困难和挫折，它就会告诉人们如何应付了事或者如何重新开始。于是，拖延便摧毁了人类的意志力，做了大脑的主人。

如何避免这种糟糕且可怕的局面出现呢？解铃还须系铃人，拖延和意志力是孰强孰能胜的关系，人的意志力如果够强，那么拖延不但摧毁不了人类的意志力，反而会被赶出身体。反之，意志力如果不够强大，则会被拖延压住，甚至被完全摧毁。要想战胜拖延，只能想办法增强意志力。

那么，如何增强意志力，让它足够强大呢？在众多方法中，学会自我激励是一种非常有效的方法。实际上，自我激励在我们的生活中扮演着非常重要的角色，它在人们的工作中起到催化剂的作用，不断地帮助人们树立信心，激发人们巨大的潜力。自我激励还有助于增强人的意志力，抵抗懒惰和拖延。

如果抱着随波逐流、得过且过的心态混日子，那么信心就会越来越弱，拖延就会恣意蚕食本就不强的意志力，也势必会使人掉入无所事事的泥潭中无法自拔。

小曾是从贵州偏远山村走出来的一名初中毕业生，他怀揣着梦想来到深圳这个国际大都市。他有一个老乡在深圳混得很好，于是他来投奔这个老乡。老乡很是热心，不仅为小曾提供了免费的住房，还热情地帮助他联系工作。

在老乡的热心介绍下，小曾进入一家规模很大的企业上班。实际上，以小曾的学识和能力他是没有机会进入这样的企业上班的，企业的老板是看在小曾的老乡的面子上，勉为其难地给小曾安排了一个职位。

在这种情况下，小曾本应认清形势，看到自己的差距，珍惜这难得的机会，努力工作，抓紧学习，千方百计提高自身的素质和能力，以求顺应岗位需求。但是他却错误地认为企业老板没有重用他，总是让他干些杂七杂八的事，对此心里十分不平衡。于是，他抱着给多少工资办多少事的态度混日子，对工作敷衍了事、拖拖拉拉、得过且过，更别说努力学习岗位知识了。

企业老板将小曾的情况告诉了小曾的那位老乡。老乡苦口婆心地开导小曾，建议他利用业余时间多学习，多掌握一些岗位技能，可是小曾根本听不进去。此时，原本不强的意志力已经被滋生的慵懒和拖延磨得消耗殆尽，小曾就对拖延失去了免疫力。

小曾不但没有听老乡的建议，没有振作精神、努力学习、追求上进，还让老乡再帮忙给安排一个更好的职位。他不断地打电话给老乡，甚至在老乡开会时，也不断地打电话骚扰。他的老乡看清了小曾不求上进的内心，毅然断绝了和他的来往。

没过多久，小曾玩忽职守，使企业的利益受到了损害，企业老板按照公司规定开除了他。此时，小曾没有了老乡的帮助，又身无一技之长，同时，还不想干体力活，只好灰溜溜地回老家了。

小曾是个反面例子。他在欠缺工作经验和能力的情况下，不自我激励、追求上进、增强战胜困难的决心，而是经受不住懒惰和拖延的诱惑，自甘堕落，破罐子破摔。本来就不强的意志力进一步被消磨，最终他一步步滑向"混"日子的深渊，落得个可悲的下场。

自我激励不是可有可无的，而是人必须具备的。有信心、追求上进者有了它，就会策马扬鞭跑得更快、更稳、更有力；而拖延"混"日子者有了它，就会重振精神，增强自信，摆脱落后，追求进步。如果你现在缺乏这种精神信念，那么一定要努力培养，而且马上就开始行动。

学会自我激励，首先要相信自己。意志力薄弱的人通常缺乏自信心，总是小看自己，认为自己处处低于他人。这样一来做事就难免畏首畏尾、瞻前顾后，行动中发挥不出正常水平，最终造成拖延，影响事情的结果。因此，要树立自信心，时刻提醒自己"我能行，我比别人一点儿都不差"，只有这样才能充分发挥自己的能力，将事情顺利做下去。

要学会自我激励还要以积极、乐观的心态面对生活。每天不管心情多糟糕，都要强迫自己以积极的心态去面对生活，尽力做好手里的事情。只有保持这样的心态，才能积极地行动，并在行动中不断向前，拖延也才能离我们越来越远。

独自上路，无惧孤独

生活中，大多数人都有自己的亲密伙伴，他们喜欢做事有人陪伴，希望获得他人的鼓励和支持。这种害怕疏远、害怕孤寂的内心需求表现了人类心灵的脆弱，同时，在一定程度上也显示了人们对安全感的一种渴求。这种心理让人在需要完全依靠自己做事的时候，表现出恐慌和退缩，进而会采用各种方法拖延做事。

要想从根本上解决这个问题，避免拖延，重要的一项举措是进行自我鼓励。自我鼓励可以帮助人们不断地树立解决问题的信心，肯定自己的能力，战胜对孤寂的恐惧。

为使自我鼓励发挥出最大的效力，就要让自己远离拖延人群，不让他们对自身的否定情绪影响到自己。这样做的后果可能让你不得不独自去做事，但无论如何也要坚持这样做。因为一旦与拖延人群"混"在一起，你就很难不受到他们的影响，进而染上拖延的坏毛病。

孤寂是很难忍受的，耐得住孤寂的人绝对算是一个人才。大凡有所成就的人总是能够耐得住孤寂的，因为唯有耐得住孤寂，战胜对孤寂的恐惧，才能度过那段因孤寂而想要拖延、放弃的时光，才能够成就自己的一番事业。

当战胜了对孤寂的恐惧，学会了独立，也就证明了自己的强大，这时距离成功也就越来越近了。耐得住寂寞、功成名就者大有人在。大诗人李白说"古来圣贤皆寂寞"，耐得住寂寞才能成就大才。现代大画家齐白石曾说："夫画道者，本寂寞之道。"他数载关门谢客，专心研究书画艺术，终成一代书画大师。在躁动的年龄，23岁的黑格尔先后在瑞士伯尔尼和德国法兰克福默默无闻地当了6年的家庭教师。在这6年的时间里，他摘抄了大量的卡片，写下了大量的笔记，终于成为德国19世纪伟大的哲学家。

还有谱写出《命运交响曲》《月光曲》等杰出作品的伟大的音乐家贝多芬也是因为战胜了对孤寂的恐惧，一心追求艺术发展，最终取得了人生的辉煌。

贝多芬晚年失聪后，人生陷入了低谷，但是他没有在众人的否定声中消沉下去，孤寂的生活也并没有使他沉默和隐退；相反，他独自一人，刻苦练习钢琴，日复一日、年复一年，终于凭借自己对音乐的感悟和辛勤的努力，谱写出《第九交响曲》等不朽作品，成为音乐大师。

成功不是唾手可得的，世界上没有随随便便的成功。成功越大，遇到的障碍往往也越多，需要付出的精力和时间也就越多，同时，可拖延的借口也就越多。

战胜拖延犹如爬一座高峰，陪你攀爬这座高峰的人寥寥无几，最终爬上这座高峰的人可能就你一人。因为其余的人在攀爬中陆续退出了。

恐惧、害怕都是"心魔"在作祟。如果能够建立起强大的内心,就会很容易发现自己平时所恐惧、害怕的东西实际上都是"纸老虎",根本没有那么可怕,不过是自己吓唬自己。消除了恐惧、害怕的心理,就会有勇气自己上路了。

勇于独自前进是一份魄力,也是一个强者的表现。只有自信的人、耐得住寂寞的人、不惧怕孤寂的人才有这份勇气和魄力。战胜了孤寂,学会了独自前进才能收获冷静和智慧,才能不为浮躁的世俗所左右,不被流言蜚语击倒,也才能不找理由为自己的拖延开脱。总之,勇于独立行走的人对自己有信心,相信自己能战胜孤寂,他们高效做事,摆脱拖延,最终摘得成功的桂冠。

用逆向思维打败拖延

在工作和学习中,人们通常习惯先将时间安排给"正事"(就是安排给工作或者生活中自认为很重要的事),然后看看有没有剩余时间,再安排休息和娱乐。这样的安排往往使很多人都丧失了休息和娱乐的权利,生活空间被工作填充得满满的,其结果是很多人都处于身心疲惫、效率低下的糟糕状态中,拖延成了家常便饭,甚至被认为是难得的忙里偷闲的机会。

在这种情况下,适宜用逆向思维来改变这种糟糕的局面,克制拖延的恶习。具体来说就是将思维反过来使用,在日程表上，在工作截止的最后期限前，首先满足的是休息和娱乐的安排，然后再将工作时间填充在剩余的时间里。这样，人们休息和娱乐的时间率先得到了保证，而工作则变成了生活的调剂。人们的休息和娱乐得到了保证，精力也就相应有了保证。在身心愉悦的情况下工作，容易获得事半功倍的效果。事实证明，这种逆向思维指导下的改变效果显著，很多人一改之前萎靡、疲倦、效率低下、做事拖延的状态，而代之以精力充沛、工作效率提高的状态。

从心理学上看，逆向思维之所以能有效战胜拖延恶习，原因在于，它从心理上缓解了压力，让人以一种轻松的心态面对工作。为什么这么说呢？因为逆向思维打破了常规，不按照人们惯有的思维方式对时间进行安排，而是在优先满足休息和娱乐的情况下，安排工作进度，这样就从整体上提高了工作效率。同时，这样的安排使人在工作之余拥有了时间和效率的意识，可以有效避免拖延"钻空子"。

另外，逆向思维还可以帮助工作者更好地树立信心。因为按照这种方法不但可以很好地完成工作，还可以获得更好的身心健康。工作出色地完成了，身心又非常愉快，那么人们就会大大提高对自己的认可度，进而培养起更强大的自信心。

张明在一家综合性网络公司工作。网络公司的工作节奏很快，再加上张明是一个勤奋、认真的人，所以他每天的工作都很紧张，常常忙得没有一点儿空闲。为了节省时间，张明在公司附近租了房子。每天早上张明早早起床，洗漱完毕，匆忙吃点儿早餐，然后步行五分钟到公司，一到公司就投入紧张繁忙的工作中。每天不但提早到公司，而且还经常延迟下班。

虽然这样忙碌，但是张明的业绩并不突出。他的绝大多数同事都没有他勤奋、认真，业绩却比他好，这是张明很不理解的地方。更让张明难堪的是，一些比他晚来公司的同事都已经升职了，有的还成为他的顶头上司，只有他还原地不动。

张明是一个自尊心极强的人，眼看着别人一个个超过自己，他非常着急。他认为这是自己还不够努力的缘故，于是他更加勤奋了，早上起得更早，晚上下班走得更晚，下班之后，他的大脑还在不断思考着工作，睡觉也睡不踏实。第二天起床时，他经常迷迷糊糊的。可是他没有时间思考太多，简单收拾完后，又匆忙地来到公司开始工作。看着电脑屏幕上不断闪现的数字，张明头昏脑涨，思维似乎停止了转动，手头的事情也被拖延了下去。

张明向一个好朋友倾诉了自己的苦恼。同为上班族的朋友很快就明白了张明所遇问题的症结所在。他向张明推荐了逆向思维法。张明一边仔细地听，一边认真地琢磨。

一段时间后，同事们发现原先异常忙碌的张明不"忙"了，不再不舍昼夜地加班，而是按时上班，按时下班，工作之余还经常出去旅游。更让同事们感到惊奇的是，张明的工作不但没有被"拖"下去，反而有了提高，而且越来越好。

在同事们的追问下，张明道出了自己的"秘密"：在确定工作最后期限的情况下，一改之前将大部分时间用于工作的状态,而是先确定休息和娱乐的时间,然后再安排工作的事。这样,精神状态好了,思维也能快速运转,工作效率自然提高了。

逆向思维打破了常规,有利于增强自信心,提高工作效率,远离拖延,是一种有效的具有普适性的现代工作方法。在现代社会发展日新月异的情况下,我们不能没有原则地将工作视为生活的核心,要懂得宽容地对待自己,不能急于求成;也不能盲目地与他人攀比,而要把那些造成拖延的心理因素从工作和生活中清理出去。

人的欲望是没有止境的,如果不知道适可而止,就得不到心理上的满足。要学会适时停下手头的工作来休息或娱乐。在愉快的心情下,努力工作,才会提高工作效率,也才会真正摆脱拖延的牵制和束缚。

不要执着,学会变通

执着是指对事情穷追不舍、坚持不懈。这本是一种值得肯定的态度,但是凡事有个度,过犹不及的道理适合所有事物。过于执着最终会带来拖延,执着越久,拖延越久,因此做事不能过于执着,要学会变通。

变通是指以客观、合理的分析为前提,再辅以创造性思维,从而顺利解决问题。达到目的的手段和途径可以有多个，一条路行不通，可以尝试别的路径，正所谓"条条大路通罗马"。

学会变通是一个人成熟、聪慧的显著标志，也是适应现代社会的一种重要表现。世间每一件事都有相应的解决办法，只有提高应变能力，懂得变通，努力找到解决问题的办法，才会圆满解决问题。但是如果不懂得变通，遇事一味钻牛角尖，那么不但无助于事情的解决，而且还会白白浪费时间，造成拖延，最终离目标越来越远。

伴随困难产生的是解决问题的办法，即使困难没有得到解决，也只能说明暂时没有找到合适的解决办法，不能就此说明困难无法解决。聪明的人绝不会让自己走进死胡同，而是会去努力寻找解决问题的办法。

19世纪中叶，一批又一批的人涌入美国加州去淘金。金子再多，也没有贪婪的人多，人越多，金子就越少，也越来越难挖。亚摩尔是淘金大军中一个普通的男孩。越来越多的人和越来越少的金子让他感到淘金梦的破灭，但这时他发现了另一个更好的淘金之路。

亚摩尔发现当地的气候炎热、干燥，水源稀少，大量淘金人的涌入使淡水变得更加金贵，不少人因为缺水而被渴死。他果断放弃了淘金的念头，转行卖起了水。金子和水的价值岂可相提并论？因此亚摩尔的行为引来了其他淘金人的不解和嘲笑。然而随着时间的推移，人们发现亚摩尔是对的，当他们大部分人空手而归时，亚摩尔已成为当地一个小富翁了。

亚摩尔懂得变通,在眼看着淘金无望的时候,转换思维寻找商机,最终他的灵活变通让他走向了成功。殊途同归在这里得到了很好的验证。

现代社会飞速发展,什么都在变,似乎永远不变的就是"变化"。如果思想僵化,做什么事都墨守成规,不知道变通,一条道走到黑,拖延着不去改变,那么恐怕迟早都要遭到淘汰。

要学会变通,就要换一种思维看待问题,不拿旧眼光审视事情,也不拿已经不适用的办法去解决新问题。要通过不同的视角看问题,尽可能找到新的突破口,提高思维的灵活性和适用性。

想要获得成功,手段的多样性是不可避免的。因此根据实际情况的变通就是一种大智慧,代表了一种才能、一种远见。学会了变通,不钻牛角尖,才不会被"拖"在原地。要说明的是,变通绝不是屈服,而是积蓄力量的手段,是灵活的应变方式。

自我暗示也有奇效

在心理学的定义里,自我暗示指的是通过五种感官(视觉、听觉、嗅觉、味觉、触觉)来给予自己心理暗示或刺激。它是人心理活动中的意识思想的发生部分与潜意识的行动部分之间产生沟通的媒介，从而起到启示、提醒和指令的作用。它会告诉你注意什么、追求什么、致力于什么和怎样行动，因此它能借助潜意识支配和影响你的行为。

自我暗示可以应用在治疗拖延上，对比下面两组心理暗示：

"我现在不想做，晚一会儿再做。"

"还是尽早完成吧，不要拖了，现在就动手，剩下的时间不多了。"

"还是不要去了，身体有些疲乏，明天再说吧！"

"现在就准备动身，虽然有些累，但这件事情不能拖。"

这两组心理暗示，每一组都包含一个积极、催促行动的暗示和一个消极、拖延行动的暗示。类似这样的心理暗示，往往提醒人们在面临选择的难题时，应该怎样去做才是最好的。缺乏暗示的选择，往往被证明是过于主观而偏离实际的。

诸多事实证明，积极、良好的心理暗示可以督促我们前进。当我们面临选择难题时，积极、良好的心理暗示会让我们迎难而上，努力前进。

生活中我们应该从自己的角度出发，找到最好的心理暗示对象，以鼓励我们保持昂扬的工作态度，将拖延拒之门外。可见，自我暗示是增强人自控力的一个非常有效的法宝。

如何利用自我暗示在治疗拖延方面的积极作用呢？不妨从下列几个方面着手：

1.跳出自我，换位思考看问题

人们习惯于站在自我的角度去思考问题，这样就不免掉进"当局者迷"的漩涡，从而陷入迷茫，在人生的道路上做出错误的选择。如果能够跳出自我，换位思考，站在第三者的角度看问题，就能够更加公正、理性、客观地认识和把握问题的实质。

2.学会用理性的思维思考问题

生活中很多人习惯用感性思维思考问题，实际上，这种思维有很大的随意性，对问题的处理有诸多弊端。这容易让当事人在情绪上产生更多的纠结，往往会使拖延者放下手头的工作，陷入一种迷茫、混沌的思维状况。

与感性思维相对立的就是理性思维。理性思维指的是一种思考方向明确，思维依据充分，能对事物或问题进行观察、比较、分析、综合、抽象与概括的一种思维。简单来说，理性思维就是一种在证据和逻辑推理基础上建立起来的思维方式。用理性思维思考问题，要求我们在做事情之前想好工作的做法以及后果，这样就会在一定程度上提高工作效率和增大成功概率。

3.把注意力专注于一件事上

人的注意力是有限的，而面对的事物却是无限的。以有限的注意力去关注无限的事物，势必因为关注不过来而使自我暗示变得反反复复。大脑发出的各种指令将使行为无法跟上，最终导致工作拖延，甚至停止。

如果将注意力专注于一件事上，那么就会避免这种情况的发生。因为注意力专注于一件事上，自我暗示就会专一而直接，行动指令清晰而快速，相应行动也就变得迅捷。当然，专注的这件事应该是最紧迫也是最应该马上去完成的事情。

4.把失败看成一种考验

失败自然是不受人欢迎的。但是有些事情不是你不欢迎，它就不会到来的，失败就是如此。在我们一腔热血，历经一番辛苦，却没有赢来成功时，灰心丧气是十分自然的事。这种现象产生的原因是人们在做事之前对自己所做的心理暗示缺少一个可能失败的前提，就是如果事情失败了会如何。过高的心理预期在遭遇失败的结局后自然会给人们带来沮丧的阴影。

如果把失败当作一种考验，情形就会大有改观。把失败当作考验，不但会摒弃那些失败后沮丧的情绪，还会带来一种积极的工作态度，让我们在努力的过程中有所收获，让我们在失败中重拾信心，再次起航。

同时，还可以借助失败的反面心理戒掉拖延。可以这样暗示自己：如果因为拖延而导致工作不能按时完成，不仅有被罚款的可能，而且有可能为此丢掉工作，而如果没有了工作，那么孩子上学怎么办？每月的房贷怎么办？还有日常的开销怎么办？想想有多么可怕的事在等着你。既然无力承担这些可怕的事，那还犹豫什么？赶紧行动起来吧！

如果真能做到让积极、良好的自我暗示时常鼓励自己、督促自己、鞭策自己、武装自己，那么拖延必将远离我们。